Max Lüscher
Die Lüscher-Würfel

Max Lüscher

Die Lüscher-Würfel

Zur Selbsterfahrung und
Persönlichkeitsbeurteilung

ECON Verlag
Düsseldorf · Wien · New York

CIP-Titelaufnahme der Deutschen Bibliothek

Lüscher, Max:
Die Lüscher-Würfel: Zur Selbsterfahrung und
Persönlichkeitsbeurteilung/Max Lüscher. –
2. Aufl. – Düsseldorf; Wien; New York: ECON Verl., 1991
ISBN 3-430-16229-7

2. Auflage 1991
Copyright © 1991 by ECON Verlag GmbH, Düsseldorf, Wien
und New York.
Alle Rechte der Verbreitung, auch durch Film, Funk und Fernsehen,
fotomechanische Wiedergabe, Tonträger jeder Art, auszugsweisen
Nachdruck oder Einspeicherung und Rückgewinnung in
Datenverarbeitungsanlagen aller Art, sind vorbehalten.
Umschlaggestaltung: Edgar Küng, Luzern
Gesetzt aus der Palatino, Linotype
Satz: Formsatz GmbH, Diepholz
Papier: Papierfabrik Schleipen GmbH, Bad Dürkheim
Druck und Bindearbeiten: Pustet, Regensburg
Printed in Germany
ISBN 3-430-16229-7

Inhalt

Die speziellen Lüscher-Farben

Die speziellen Lüscher-Farben sind während fünf-
jähriger Experimente an Jugendlichen und Erwachse-
nen, an Gesunden und an Patienten in zahlreichen
Kliniken unter 4565 Versuchsfarben ausgewählt worden.
Darum muß man sich an diese besonderen Farbtöne
halten und darf sich nicht andere »schönere« vorstel-
len.
Betrachten Sie die Farben möglichst bei Tageslicht,
aber nicht in greller Sonne. Auch sehr helles, dem
Tageslicht ähnliches Lampenlicht ist möglich.

Was die Lüscher-Farben messen

Niemand kennt die Gründe, warum er diese Farbe lieber mag als jene. Die Entscheidung fällt unbewußt. Ob wir etwas gerne tun oder nicht mögen, unsere Neigungen, Zuneigungen und Vorlieben sind nicht bewußt kalkuliert. Sie entstehen spontan und unbewußt aus unserer Verfassung. Wen wir als Freunde und als Partner haben, was unsere wirklichen Interessen sind, ob wir unseren Beruf mit Freude und Erfolg ausüben, all das ist, so wie auch die Wahl der Farben, unbewußt gesteuert.

Darum ist es möglich, aus der Wahl der speziellen Lüscher-Test-Farben Aussagen mit höchster Exaktheit und Differenziertheit über das Verhalten eines Menschen zu machen.

Die nachfolgenden Auswertungen basieren auf dem in 23 Sprachen übersetzten »Klinischen Lüscher-Test«. Die Texte sind ständig überprüft und verfeinert worden. Darum sind sie wörtlich genau zu nehmen. Sie wurden zwar freundlich formuliert, aber eine konzessionslose Klarheit, Genauigkeit und deutliche Verständlichkeit galt als Grundsatz.

Die Auswertung der »Lüscher-Würfel«

Um einen Würfel zu erstellen, knicken Sie zuerst die Laschen bei den Farben 1 (Blau) und 2 (Grün) um und fügen den Würfel zusammen.
Merken Sie sich: Hier bei 1 und 2 wird der Würfel auch wieder geöffnet, um ihn zusammenzufalten.

Zuerst stellen Sie drei Würfel nebeneinander. Dann stellen Sie auf jeden einen anderen. Nun haben Sie unten und oben je drei Würfel.

Alle sechs haben die Farben 1, 2, 3, 4, 5.
Drei Würfel haben außerdem die Farbe Weiß (6).
Drei Würfel haben die Farbe Schwarz (7).

Drehen Sie die sechs Würfel so lange, bis Ihnen die Gesamtfläche der Vorderseite am besten gefällt. Ignorieren Sie die Aufsicht von oben.

Lesen Sie dann die Auswertung in den Tabellen.

1. Merken Sie sich die Ziffer des Würfels links oben und die Ziffer des Würfels links unten.
   Schlagen Sie die Tabelle auf bei: LINKS

Blättern Sie, bis Sie die entsprechenden Ziffern für
links oben
links unten
finden.
Lesen Sie den Titel und die entsprechende Auswertung.

2. Tun Sie das gleiche für die beiden Würfel in der MITTE.

3. Tun Sie das gleiche für die beiden Würfel RECHTS.

4. Ein »Fächer« der Entfaltung besteht, wenn bei drei Würfeln die gleiche Farbe vorkommt, wovon eine links oben, eine in der Mitte unten und eine rechts oben steht, zum Beispiel

    1   1
        1

5. Ein »Dach« besteht, wenn drei gleiche Farben vorkommen, wovon eine links unten, eine in der Mitte oben und eine rechts unten steht, zum Beispiel

        2
    2   2

Sie bilden einen Halbkreis um die Farbe in der Mitte unten, die den aktuellen Ich-Kern repräsentiert.

Die Auswertung dieses Halbkreises kann bei »Dach« abgelesen werden.

4. und 5. Ein »Netz« besteht, wenn sowohl der »Fächer« als auch das »Dach« vorkommen. Das »Netz« deckt eine »aktuelle Versessenheit« auf. Es zeigt die dringenden Bedürfnisse (siehe Fächer), um sich in seinem Lebenskreis die benötigten Bedingungen (siehe Dach) zu schaffen.

6. »Waagerechte« Auswertungen sind möglich, wenn links und rechts gleiche Ziffern vorkommen, zum Beispiel 1 2 1. Das gilt sowohl für die drei Würfel oben als auch für die drei Würfel unten.

7. Bei DREIMAL soll abgelesen werden, wenn eine Ziffer dreimal (oder mehr) vorkommt und zugleich eine der Ziffern 1, 2, 3, 4 fehlt.

8. Bei FEHLEN soll abgelesen werden, wenn zwei von den Ziffern 1, 2, 3, 4 fehlen, zum Beispiel 1 und 2 fehlen.

1 Senkrechte Auswertung

---

oben

unten

Ihr Bedürfnis und Verhalten

Sie haben das Bedürfnis, sich von äußeren
Einflüssen abzuschirmen, um ungestört,
ruhig und geborgen zu sein und sich zufrieden
fühlen zu können.

Ihr Bedürfnis und Verhalten

Es ist Ihnen wichtig, daß Sie von den anderen als
Persönlichkeit geachtet und würdig behandelt
werden, daß man rücksichtsvoll ist und Sie und Ihre
Meinung respektiert. Bei Unaufmerksamkeit und
Respektlosigkeit reagieren Sie empfindlich.
Bei einer Ungerechtigkeit fühlen Sie sich persönlich
angegriffen und fühlen sich verletzt. Gegenüber
Ihrer Umwelt nehmen Sie eine kritisch
beobachtende Haltung ein. Darum sind Sie bei
neuen Begegnungen vorsichtig und wählerisch.
Sie besitzen ein sensibles Gefühl für Gerechtigkeit
und auch für ästhetische Empfindungen,
denn Sie beobachten feine Einzelheiten.

Ihr Bedürfnis und Verhalten

Sie haben das Bedürfnis, in einer liebevollen
Zusammengehörigkeit und Verbundenheit mit dem
Partner und den nahestehenden Menschen zu
leben. Darin sehen Sie die Voraussetzung für Ihre
Zufriedenheit und Harmonie. Daher legen Sie
großen Wert auf herzliche kommunikative
Beziehungen und auf eine friedvolle und innige
Partnerschaft, die eine zärtliche und gefühlvolle
Befriedigung bietet.

Ihr Bedürfnis und Verhalten

Sie sind zu einer gefühlsstarken Begeisterung fähig.
Weil Sie mit anderen verständnisvoll mitfühlen,
sind Sie besonders gegenüber dem Partner und
nahestehenden Menschen großzügig, anpassungs-
bereit und tolerant.

Ihr Bedürfnis und Verhalten

Sie haben ein Bedürfnis nach verständnisvoller,
harmonischer Übereinstimmung, nach intimer
Vertrautheit und feinfühliger Resonanz. Dabei
können Sie sich mit anschmiegsamer Zärtlichkeit
auf den Partner einstellen. Sie können sich in
andere gut und empfindsam einfühlen. Sie haben
ein ausgeprägt feines Empfinden für ästhetische
Eindrücke und legen großen Wert auf eine
harmonisch ansprechende Gestaltung.

Ihr Bedürfnis und Verhalten

Sie möchten unbedingt reinen Tisch machen, um
sich nicht mehr ärgern und aufregen zu müssen.
Sie möchten in Frieden gelassen werden, um
endlich die Ruhe zu finden, die Sie dringend
benötigen.

Ihr Bedürfnis und Verhalten

Mit eigenwilliger Hartnäckigkeit verteidigen
Sie Ihren Standpunkt. Sie verschanzen sich
dahinter wie in einer Festung, um endlich die
Ruhe zu finden, die Sie dringend benötigen.

Ihr Bedürfnis und Verhalten

Unsensible Rücksichtslosigkeit und besonders
Ungerechtigkeit verletzen Sie empfindlich.
Ihre innere Empörung und starke Betroffenheit
kommt dadurch zum Ausdruck, daß Sie Ihre
eigene Meinung unmißverständlich verteidigen
und sich in Ihrem Urteil nicht beeinflussen lassen.
Wenn Sie für sich etwas aussuchen, tun Sie es
mit wählerischer Sorgfalt.

21

Ihr Bedürfnis und Verhalten

Sie haben das Bedürfnis, sich gegen Einflüsse abzuschirmen. Sie verschließen sich, um sich zu schützen und sich gegen den Verlust einer Beziehung oder dessen, was Ihnen wichtig ist, zu verteidigen. Durch die abwehrende Haltung möchten Sie sich eine stabile Sicherheit schaffen.

Ihr Bedürfnis und Verhalten

Hilflosigkeit und Resignation würden Sie als
unerträgliche Schwäche empfinden. Sie entwickeln
Ihre innere Stärke und Widerstandskraft, um nicht
vom Wohlwollen der anderen abhängig zu sein.
Sie haben das Bedürfnis, selbständig zu entscheiden
und lassen sich von anderen nicht beeinflussen.

Ihr Bedürfnis und Verhalten

Sie sind ein aufmerksamer, wacher, kritischer
Beobachter. Sie erkennen rasch eine Situation,
beurteilen klar und lösen Probleme selbständig.
Sie schützen sich gegenüber den Ihnen nahe-
stehenden Menschen vor der Verletzung Ihres
Liebebedürfnisses durch die kritische, distanzierte
Beurteilung des anderen und durch die
Verteidigung Ihrer inneren Unabhängigkeit.

Ihr Bedürfnis und Verhalten

Sie verteidigen Ihre Position mit gespannter
Wachheit, mit Einfühlung und Gewandtheit.
Sie beobachten Ihre Wirkung auf andere.
Das Besondere und auserlesen Reizvolle faszi-
niert Sie.

Ihr Bedürfnis und Verhalten

Sie möchten unbedingt reinen Tisch machen, um
sich nicht mehr ärgern und aufregen zu müssen.
Aber Sie beharren auf Ihrer Meinung und bei Ihrer
Absicht. Sie wollen sich gegen die Schwierigkeiten
behaupten und verschanzen sich, um sich gegen
Angriffe zu schützen.

Ihr Bedürfnis und Verhalten

Mit eisernem Willen und eigenwilliger Hartnäckigkeit verteidigen Sie sich gegen jede
Beeinflussung. Sie beharren auf dem Anspruch,
daß Ihr Standpunkt und Ihre Absicht unbedingt
respektiert werden.

Ihr Bedürfnis und Verhalten

Sie haben ein starkes Bedürfnis nach einer liebevollen, erlebnisstarken Partnerbeziehung und
einer gemeinsamen, aktiven Lebensgestaltung.
Es ist Ihnen wichtig, daß die Beziehung eine
lebhafte, liebevolle Kommunikation und eine
gefühlvolle erotische Befriedigung bietet.

Ihr Bedürfnis und Verhalten

Der Wunsch, Ihre Absicht durchzusetzen und Ihre
Ziele zu verwirklichen, herrscht vor. Dadurch
kommt die Bereitschaft zur geduldigen und ver-
ständnisvollen Hingabe an den Partner zu kurz.
Sie wollen sich nicht ablenken lassen, sondern die
vorgefaßte Absicht und Aufgabe durchführen.

Ihr Bedürfnis und Verhalten

Sie haben ein starkes Bedürfnis nach intensiven, erregenden Erlebnissen. Sie sind vom Rausch der vitalen Kraft und imponierenden Wirkung fasziniert.

Ihr Bedürfnis und Verhalten

Durch Ihre Begeisterungsfähigkeit interessieren Sie
sich für vieles und wollen es intensiv erleben.
Sie sind für das Neue aufgeschlossen. Sie sind an
neuen Möglichkeiten und Begegnungen interessiert
und gehen der Zukunft erwartungsvoll entgegen.

Ihr Bedürfnis und Verhalten

Sie sind vom Reiz des Außergewöhnlichen und Besonderen fasziniert. Es hat eine magische Anziehungskraft auf Sie. Sie möchten auch selbst als Persönlichkeit eine beeindruckende und erotische Wirkung ausüben. Sie verstehen es, den Einfluß auf andere mit sensibler Taktik zu dirigieren. Indem Sie den anderen faszinieren, gewinnen Sie sein Zutrauen und erreichen Ihren Erfolg.

Ihr Bedürfnis und Verhalten

Sie möchten unbedingt reinen Tisch machen und
sich von jeder Art von Beeinflussung oder Zwang
befreien; denn Sie wollen mit Freude das tun
können, was für Sie interessant und erlebenswert ist.

Ihr Bedürfnis und Verhalten

Sie wollen mit leidenschaftlicher Heftigkeit die
Wirkung erleben und den Erfolg sehen, damit er
Ihnen ein Gefühl der Überlegenheit gegenüber
den Hindernissen gibt. Doch kann diese Haltung
zu rücksichtslos und aggressiv wirkenden
Handlungen führen.

Ihr Bedürfnis und Verhalten

Sie möchten alles vermeiden, was eine innere
Isoliertheit und Einsamkeit zur Folge hätte.
In Gefühlsbeziehungen und auch für ästhetische
Eindrücke sind Sie höchst empfindsam.
Sie wünschen sich anregende, aber sorgenfreie
und konfliktlose Beziehungen zu den Menschen,
die Ihnen als Partner wichtig sind. Für neue
Begegnungen sind Sie aufgeschlossen und an
Kontakten lebhaft interessiert.

Ihr Bedürfnis und Verhalten

Sie sind ein aufgeschlossener und zugleich
wachsamer Beobachter. Darum können Sie eine
Situation rasch erfassen und kritisch beurteilen.
Sie möchten unabhängig sein und Probleme
selbständig lösen. Sie sind an neuen Möglichkeiten
und Beziehungen zwar interessiert, bleiben aber
sachlich und distanziert, um Ihre innere Empfind-
lichkeit abzuschirmen und unter Kontrolle
zu haben.

Ihr Bedürfnis und Verhalten

Sie haben das Bedürfnis nach lebhaften, anregenden, aber unbelastenden Kontakten und
Beziehungen, um Ihren Interessen- und Erlebnis-
bereich zu entfalten. Sie erwarten, daß das Neue,
die Abwechslung und Veränderung, die bis zur
Zersplitterung gehen können, die entbehrte
Befriedigung bringen.

Ihr Bedürfnis und Verhalten

Sie lehnen die Behinderung oder Einschränkung
Ihrer Erlebnismöglichkeiten ab; denn Sie haben
das Bedürfnis, sich unbehindert neuen Eindrücken,
interessanten Begegnungen und ästhetischen
Empfindungen hinzugeben.

Ihr Bedürfnis und Verhalten

Sie haben das Bedürfnis, unbeschwerte und reizvoll
anregende Eindrücke zu erleben. Sie sind mit
wacher Sensibilität für ästhetische Empfindungen
aufgeschlossen und für reizend-freudvolle
Erlebnisse offen, sofern sie zu keiner belastenden
Verbindlichkeit führen.

Ihr Bedürfnis und Verhalten

Sie möchten unbedingt reinen Tisch machen und
sich von Behinderungen und Zwang befreien.
Sie finden, daß Ihre Meinung und Ihre Wünsche
nicht verstanden und nicht angemessen respektiert
werden.

Ihr Bedürfnis und Verhalten

Da Sie mit Ihrer eigenwilligen Absicht auf
Schwierigkeiten und auf Hindernisse gestoßen sind,
ist Ihre innere Gespanntheit übermäßig stark.
Dadurch entsteht eine rasche Reizbarkeit. Sie laufen
deshalb Gefahr, durch abrupte Entscheidungen und
überstürzte Handlungen einen zerstörerischen
Ausweg zu erzwingen.

Ihr Bedürfnis und Verhalten

Sie sehnen sich nach einer reizvollen und einfühlsamen Übereinstimmung, nach verständnisvoller und intimer Verliebtheit und Verbundenheit. Sie möchten mit Zartgefühl verstanden werden und empfinden eine solche Beziehung als faszinierenden Idealzustand. Solchen Interessen, die Ihre Gefühle ansprechen (zum Beispiel ästhetische oder psychologische Interessen), geben Sie sich mit empfindsamer Einfühlung und anhaltender Faszination hin.

Ihr Bedürfnis und Verhalten

Sie haben den Wunsch, einen magisch-attraktiven Eindruck zu machen und als interessante, charmante Persönlichkeit zu imponieren. Mit gespannter Aufmerksamkeit beobachten Sie, wie Sie auf andere wirken.

Ihr Bedürfnis und Verhalten

Ihre Bereitschaft, sich schwärmerisch faszinieren zu
lassen, ist sehr stark. Auf ästhetische oder erotische
Reize reagieren Sie mit erregter Begeisterung.
Der Zauber des Ungewöhnlichen und provokativ
Hervorstechenden hat für Sie eine mitreißende
Faszination. Darum besteht die Gefahr, daß Sie sich
verleiten lassen, ohne die nüchterne Wirklichkeit
richtig einzuschätzen.

Ihr Bedürfnis und Verhalten

Sie haben den Wunsch, sich mit reizvollen, aber unbelastenden Anregungen und Kontakten zu zerstreuen. Sie sind für ästhetische und erotische Eindrücke offen. Sie überlassen Ihre Gefühle und Gedanken mit Vorliebe originellen und reizvollen Einfällen und Phantasien.

Ihr Bedürfnis und Verhalten

Sie möchten sich an reizvollen, ästhetisch und erotisch anregenden Erlebnissen berauschen. In dieser Atmosphäre möchten Sie die innere Einsamkeit vergessen und in feinfühliger Übereinstimmung mit Menschen auch »gleicher Wellenlänge« in schwärmerischer Begeisterung verschmelzen.

Ihr Bedürfnis und Verhalten

Sie möchten unbedingt reinen Tisch machen und
sich von jeder Abhängigkeit, von Beeinflussung und
Zwang befreien; denn Sie sehnen sich nach
einfühlsamer und intimer Übereinstimmung und
zartfühlender Verständnisbereitschaft.

Ihr Bedürfnis und Verhalten

Sie haben den eigenwilligen Anspruch, daß sich der andere so verhält, wie Sie es erwarten.
Sie haben zwar den Wunsch nach einer innigen Übereinstimmung und erotischen Verschmelzung, doch wollen Sie erzwingen, daß sich der andere unbedingt Ihren Vorstellungen und Erwartungen unterwirft.

Ihr Bedürfnis und Verhalten

Es ist Ihr größter Wunsch, nach all dem Erlebten die
innere Ruhe und Zufriedenheit wiederzufinden.
Deshalb vermeiden Sie Beziehungen, die ein
belastendes Engagement zur Folge haben könnten.

Ihr Bedürfnis und Verhalten

Sie wissen zwar noch nicht wie, aber Sie wissen,
daß es anders werden muß. Darin sind Sie
entschieden und lassen sich weder beeinflussen
noch umstimmen.

Ihr Bedürfnis und Verhalten

Sie haben zwar die Bereitschaft und den Willen,
sich aktiv einzusetzen, um etwas erfolgreich zu
bewirken, aber wie Sie das Ziel erreichen, ist noch
völlig offen und unbestimmt oder illusionär.

Ihr Bedürfnis und Verhalten

Sie haben das dringende Bedürfnis, dem Druck zu entfliehen, der durch frustrierenden Streß entstanden ist; denn Ihre Erwartungen und Ansprüche werden unter diesen Bedingungen nicht befriedigt.

Ihr Bedürfnis und Verhalten

Sie haben zwar die Bereitschaft und den Wunsch
nach einer feinfühlend-zärtlichen Übereinstimmung
und nach einer Resonanz auf gleicher Wellenlänge,
doch fehlen dafür zur Zeit die äußeren
Voraussetzungen; denn wegen Ihrer Sensibilität
hüten Sie sich davor, sich auf Beziehungen
einzulassen, die Sie enttäuschen oder verletzen
könnten.

Ihr Bedürfnis und Verhalten

Sie unterdrücken Ihre spontanen Gefühle und
blockieren damit eine aufgeschlossene, offenherzige
Zuwendung zum anderen. Auf diese Weise
möchten Sie sich gegen belastende Auseinandersetzungen und gegen ärgerliche Enttäuschungen
schützen.

Ihr Bedürfnis und Verhalten

Die unbedingte Freiheit ist Ihr zielloses Ziel.
Deshalb lehnen Sie unbedingt und konzessionslos
jede Beeinflussung ab. Sie verteidigen Ihre
Unabhängigkeit mit schroffer Hartnäckigkeit.

Ihr Bedürfnis und Verhalten

Mit eigenwilliger Hartnäckigkeit verteidigen Sie
Ihren Standpunkt. Sie verschanzen sich
dahinter wie in einer Festung, um endlich die
Ruhe zu finden, die Sie dringend benötigen.

Ihr Bedürfnis und Verhalten

Mit eisernem Willen und mit eigenwilliger Hartnäckigkeit verteidigen Sie sich gegen jede
Beeinflussung. Sie beharren auf dem Anspruch,
daß Ihr Standpunkt und Ihre Absicht unbedingt
respektiert werden.

Ihr Bedürfnis und Verhalten

Sie wollen mit leidenschaftlicher Heftigkeit die
Wirkung erleben und den Erfolg sehen, damit er
Ihnen ein Gefühl der Überlegenheit gegenüber
Hindernissen gibt. Doch kann diese Haltung zu
rücksichtslos und aggressiv wirkenden Handlungen
führen.

Ihr Bedürfnis und Verhalten

Da Sie mit Ihrer eigenwilligen Absicht auf
Schwierigkeiten und Hindernisse gestoßen sind,
ist Ihre innere Gespanntheit übermäßig stark.
Dadurch entsteht eine rasche Reizbarkeit. Sie laufen
deshalb Gefahr, durch abrupte Entscheidungen
und überstürzte Handlungen einen zerstörerischen
Ausweg zu erzwingen.

Ihr Bedürfnis und Verhalten

Sie haben den eigenwilligen Anspruch, daß sich
der andere so verhalten muß, wie Sie es erwarten.
Sie haben den Wunsch nach einer innigen
Übereinstimmung und erotischen Verschmelzung,
doch wollen Sie erzwingen, daß sich der andere
unbedingt Ihren Vorstellungen und Erwartungen
unterwirft.

Ihr Bedürfnis und Verhalten

Die unbedingte Freiheit ist Ihr zielloses Ziel.
Deshalb lehnen Sie unbedingt und konzessionslos
jede Beeinflussung ab.

Ihr Bedürfnis und Verhalten

Sie haben einen eigensinnigen Anspruch auf
Geltung und wollen sich Respekt verschaffen.
Deswegen verschließen Sie sich und stauen
die gemütvollen und herzlichen Gefühle der
Zuneigung. Dadurch wirken Sie hart und
intolerant. Aus Unzufriedenheit werden Sie rasch
ungeduldig, stoßen andere vor den Kopf und
treffen unbedachte Entscheidungen.

Senkrechte Auswertung

unten

Was Ihnen jetzt wichtig ist

Durch Ihre Fähigkeit, sich in den anderen
einzufühlen und auf ihn einzugehen, schaffen Sie
eine friedliche, harmonische Beziehung. Das Gefühl
innerer Verbundenheit mit dem Partner und den
Ihnen nahestehenden Menschen ist Ihnen wichtig.
Sie haben ein starkes Bedürfnis, dieses Gefühl der
Zusammengehörigkeit zu spüren.

Was Ihnen jetzt wichtig ist

Durch Selbstdisziplin kontrollieren Sie Ihre Gefühle.
Zugleich gehen Sie mit einfühlendem Verständnis
und Geduld auf den anderen ein. Sie handeln nicht
impulsiv, sondern sind fähig, sich mit starker
Konzentration mit dem zu befassen, was Sie
interessiert. Sie können auch dabei verweilen und
behutsam abwägen, wie Sie etwas richtig zu
behandeln haben. Sie fühlen sich mit der Aufgabe
oder mit dem Menschen, dem Sie sich zuwenden,
treu verbunden. Verständnisvolle Rücksichtnahme
und verantwortungsvolle Gerechtigkeit sind für Sie
wichtige Voraussetzungen für eine Beziehung.

Was Ihnen jetzt wichtig ist

Ihre lebhafte Aktivität äußert sich besonders in
Ihrem Gefühlsleben und in der Beziehung zu den
Menschen, die Ihnen wichtig sind. Mit dem, was
sie vorhaben, befassen Sie sich mit Intensität und
ruhiger Geduld. Sie gehen verständnisvoll und
empfindsam mitfühlend auf den anderen ein.
Sie haben eine ausgeprägte Bereitschaft zur
gefühlvollen Kommunikation und setzen sich mit
der Gemütslage und seelischen Verfassung des
anderen auseinander. Durch Ihre aktive Anteilnahme und geduldige Verständnisbereitschaft
bringen Sie dem anderen ein besonders großes,
fürsorgendes Wohlwollen entgegen.

Was Ihnen jetzt wichtig ist

Es geht Ihnen vor allem darum, sich von Streß und Belastungen zu befreien. Damit Sie sich unbelastet und wohl fühlen, ist Ihnen jetzt eine friedliche, liebevolle und rücksichtsvolle Beziehung zu den Ihnen nahestehenden Menschen wichtig. Vor allem brauchen Sie eine spannungsfreie, gemüthafte Bindung, welche die ersehnte Ruhe und Befriedigung bietet. Sie sind nicht nur hilfsbereit, sondern wollen sich auch anpassen, um eine harmonische Gemeinsamkeit anzustreben. Sie legen Wert darauf, daß man auch auf Sie Rücksicht nimmt und Verständnis für Ihre Situation und Ihre Bedürfnisse hat.

Was Ihnen jetzt wichtig ist

Es ist Ihnen ein wichtiges Anliegen, daß Sie zu dem nahestehenden Menschen eine feinfühlig liebevolle Vertrauensbeziehung haben. Es geht Ihnen darum, daß eine harmonische Übereinstimmung mit dem Partner besteht. Eine verständnisvolle Resonanz und gefühlvolle Interessiertheit »auf der gleichen Wellenlänge« sind das, was Sie für eine intime Partnerschaft brauchen. Sie können sich in andere gut und empfindsam einfühlen. Sie haben ein ausgeprägt feines Empfinden für ästhetische Eindrücke und legen großen Wert auf eine harmonisch ansprechende Gestaltung.

Was Ihnen jetzt wichtig ist

Sie möchten unbedingt reinen Tisch machen, um
sich nicht mehr zu ärgern und aufregen zu
müssen. Sie möchten in Frieden gelassen werden,
um endlich die Ruhe zu finden, die Sie dringend
benötigen.

Was Ihnen jetzt wichtig ist

Mit eigenwilliger Hartnäckigkeit verteidigen Sie
Ihren Standpunkt. Sie verschanzen sich dahinter
wie in einer Festung, um endlich die Ruhe zu
finden, die Sie dringend benötigen.

Was Ihnen jetzt wichtig ist

Da Sie sehr feinfühlend und dadurch gegenüber
Ungerechtigkeit oder Rücksichtslosigkeit
empfindlich und leicht verletzbar sind, versuchen
Sie sich dagegen abzuschirmen. Um sich gegen
Enttäuschungen zu schützen, verbergen Sie Ihre
gefühlvolle Empfindsamkeit hinter einer kritischen,
wählerischen und zuweilen distanzierten Haltung.
Wenn Sie sich aus Vorsicht verschließen, hemmt das
Ihre Spontaneität, Ihre Aufgeschlossenheit und
Kontaktbereitschaft.

Was Ihnen jetzt wichtig ist

Das, was Ihre Überzeugung oder Absicht ist, verfolgen Sie mit bohrender Konsequenz. Sie behaupten sich und verteidigen Ihren Anspruch auch gegenüber Widerständen. Mit dem, was Sie besitzen und den Fähigkeiten, über die Sie verfügen, verschaffen Sie sich die Geltung, die Sie beanspruchen. Damit hoffen Sie auch, die erwünschte Anerkennung zu finden und eine stabile Sicherheit zu erreichen.

Was Ihnen jetzt wichtig ist

Das, womit Sie sich befassen, tun Sie mit bohrender
Intensität und lassen sich vom Ziel, das Sie
verfolgen, durch nichts abbringen. Sie gehen mit
großer Energie und Gründlichkeit vor. Sie haben
den festen Willen, in das, worüber Sie verfügen
wollen, einzudringen, es sich anzueignen und zu
meistern. Keine Anstrengung ist Ihnen zuviel, wenn
es darum geht, sich der Dinge, die Sie sich
vorgenommen haben, zu bemächtigen. Sie geben
nicht auf, bevor Sie Ihr Ziel erreicht haben.

MITTE

Was Ihnen jetzt wichtig ist

Die innere Freiheit ist das, worum es Ihnen vor
allem geht. Darum möchten Sie unabhängig sein
und das tun können, was Ihnen interessant und als
neues Erlebnis reizvoll erscheint. Sie empfinden
Situationen, die Sie nicht selbst bestimmen und
nach Ihren Wünschen arrangieren können, als
beengenden Zwang. Darum möchten Sie selbständig entscheiden und handeln können und sich
nicht Konventionen anpassen müssen.

Was Ihnen jetzt wichtig ist

Sie wollen als besondere Persönlichkeit geachtet
werden. Darum suchen Sie wählerisch und mit
raffiniertem Feingefühl nach dem Besonderen und
auserlesen Reizvollen, um sich von anderen
abzuheben.

Was Ihnen jetzt wichtig ist

Sie möchten unbedingt reinen Tisch machen, um
sich nicht mehr ärgern und aufregen zu müssen.
Aber Sie beharren auf Ihrer Meinung und bei Ihrer
Absicht. Sie wollen sich gegen die Schwierigkeiten
behaupten und verschanzen sich, um sich gegen
Angriffe zu schützen.

Was Ihnen jetzt wichtig ist

Mit eisernem Willen und mit eigenwilliger Hartnäckigkeit verteidigen Sie sich gegen jede
Beeinflussung. Sie beharren auf dem Anspruch,
daß Ihr Standpunkt und Ihre Absicht unbedingt
respektiert werden.

Was Ihnen jetzt wichtig ist

Sie sind bereit, sich dem Partner, den nahestehenden Menschen und dem, was Ihre Gefühle
anspricht, mit Begeisterung zuzuwenden.
Sie streben nach harmonischen Beziehungen zu
allen nahestehenden Menschen. Das erreichen Sie
durch Ihre Engagiertheit, Ihre Fähigkeit, sich zu
begeistern und aus eigener Aktivität die Verhältnisse so zu gestalten, daß Sie von Ihnen und
den anderen als harmonisch und vertrauensvoll
empfunden werden.

Was Ihnen jetzt wichtig ist

Sie wissen, was Sie wollen. Darum ergreifen Sie
Gelegenheiten und Möglichkeiten, die Ihrem Ziel
nützen. Sie setzen Ihre Absicht mit Erfolg durch.
Sie erobern mit Initiative und Beharrlichkeit, was
Sie erreichen wollen. Sie handeln selbständig und
wollen nicht vom Wohlwollen anderer abhängig
sein.

Was Ihnen jetzt wichtig ist

Es ist Ihr Wille, etwas zu bewirken und Herausforderungen zu bewältigen. Sie möchten die
Wirkung und den Erfolg Ihrer Bestrebungen sehen
und erleben. Sie wollen Ihre Aktivität in Taten
umsetzen und haben Ziele, die Sie verwirklichen
wollen. Mit dem, was Sie tun, möchten Sie bei
anderen eine starke Resonanz erleben. Darum
erwarten Sie, daß auch die anderen begeistert
mitmachen.

Was Ihnen jetzt wichtig ist

Sie sind rasch und stark begeisterungsfähig. Aber
Sie können sich auch leicht für etwas ereifern und in
Erregung geraten. Ihr Ärger ist leicht entzündbar,
wenn etwas geschieht, was Ihrer Absicht wider-
spricht. Solche Aufregungen gehen aber bald
vorüber, denn Sie sind nicht nachtragend.
Sie wenden sich rasch einer neuen Situation mit
lebhaftem Interesse zu und können sich auch hier
wiederum begeistern.

Was Ihnen jetzt wichtig ist

Sie legen Wert darauf, als Persönlichkeit eine beeindruckende und erotisch anziehende Wirkung auszuüben. Sie sind vom Reiz des Außergewöhnlichen fasziniert und wollen auch selbst die anderen durch eine magische Faszination beeindrucken.

Was Ihnen jetzt wichtig ist

Sie möchten unbedingt reinen Tisch machen und
sich von jeder Art von Beeinflussung oder Zwang
befreien; denn Sie wollen mit Freude das tun
können, was für Sie interessant und erlebenswert ist.

Was Ihnen jetzt wichtig ist

Sie wollen mit leidenschaftlicher Heftigkeit die
Wirkung erleben und den Erfolg sehen, damit er
Ihnen ein Gefühl der Überlegenheit gegenüber
den Hindernissen gibt. Doch kann diese Haltung
zu rücksichtslos und aggressiv wirkenden
Handlungen führen.

Was Ihnen jetzt wichtig ist

Sie sind für ästhetische Eindrücke und Erlebnisse
besonders empfindsam. Sie nehmen mit wacher
Aufgeschlossenheit und sensibler Feinfühligkeit
die Sinnesempfindungen wahr. Darum sind Sie in
Ihren Gefühlen stark ansprechbar. Sie sind
begeisterungsfähig, weil Sie eine bejahende,
freundliche Einstellung haben und das Schöne
lieben. Die ästhetische Empfindsamkeit, die
Aufgeschlossenheit und Begeisterungsfähigkeit
gehören zu Ihren ausgeprägten Vorzügen.

Was Ihnen jetzt wichtig ist

Sie besitzen eine wache Aufmerksamkeit und
können rasch analysieren, beurteilen und
einordnen. Sie möchten das, was sich an neuen
Möglichkeiten bietet, ergreifen und Probleme
selbständig lösen. Sie möchten Ideen weiter-
entwickeln. Ihr Wirkungsfeld ausdehnen und
damit bei anderen eine angemessene Anerkennung finden.

Was Ihnen jetzt wichtig ist

Ihre Unternehmungsfreude und Ihre Erlebnisfreude
sind sehr lebhaft. Bei vielerlei Anregungen fühlen
Sie sich rasch angesprochen und herausgefordert,
weshalb Sie spontan mitmachen. Sie finden dadurch
unbelastende Kontakte und vielerlei Abwechslung.
Damit entfalten Sie den Horizont Ihrer Interessen
und haben reichhaltige Begegnungen und
Erlebnisse.

Was Ihnen jetzt wichtig ist

Sie stehen unter dem Druck unbefriedigter
Bedürfnisse und unerfüllter Ansprüche. Sie haben
den dringenden Wunsch, aus diesem nicht
befriedigenden Zustand herauszukommen und
einen befreienden Ausweg aus dem frustrierenden
Streß zu finden. Sie möchten sich frei entfalten
und erwarten, daß sich in einiger Zeit eine
befreiende Lösung finden läßt. Darum sind Sie
für Anregungen offen und gehen mit einer
optimistischen Einstellung an neue Aufgaben und
neue Beziehungen heran. Ihr wesentliches und
zentrales Anliegen sind bessere Bedingungen, die
Ihnen in Zukunft die Möglichkeit zur freien
Entfaltung bieten.

Was Ihnen jetzt wichtig ist

Es ist Ihr größter Wunsch, eine Atmosphäre und
Beziehung zu finden, in der aufgeschlossene
Verständnisbereitschaft und einfühlsame Resonanz
bestehen. Es geht Ihnen hauptsächlich darum, eine
feinfühlende Übereinstimmung »auf gleicher
Wellenlänge« und eine gefühlvolle Interessiertheit
zu finden.

Was Ihnen jetzt wichtig ist

Sie möchten reinen Tisch machen und sich von
Behinderungen und Zwang befreien. Sie finden,
daß Ihre Meinung und Ihre Wünsche nicht
verstanden und nicht angemessen respektiert
werden.

Was Ihnen jetzt wichtig ist

Da Sie mit Ihrer eigenwilligen Absicht auf
Schwierigkeiten und Hindernisse gestoßen sind, ist
Ihre innere Angespanntheit übermäßig stark.
Dadurch entsteht eine rasche Reizbarkeit. Sie laufen
deshalb Gefahr, durch abrupte Entscheidungen
und überstürzte Handlungen einen zerstörerischen
Ausweg zu erzwingen.

Was Ihnen jetzt wichtig ist

Es ist für Sie ein wichtiges, zentrales Anliegen, eine
reizvolle, gefühlvolle Interessiertheit und
einfühlsame Übereinstimmung mit dem Partner
zu haben. Eine solche Beziehung ist für Sie
ein faszinierender, idealer Harmoniezustand.
Denjenigen Interessen, die Ihre Gefühle ansprechen
(zum Beispiel ästhetische und psychologische),
geben Sie sich mit empfindsamer Einfühlung und
anhaltender Faszination hin.

Was Ihnen jetzt wichtig ist

Durch attraktive Besonderheiten profilieren Sie
sich als Persönlichkeit. Mit charmanter Gewandtheit versuchen Sie, einen maßgebenden Einfluß
zu haben und Ihre Ansprüche durchzusetzen.
Sie dirigieren und argumentieren mit Wendigkeit,
um Ihre Meinung zu verteidigen und Ihr Ziel zu
erreichen. Mit gespannter Aufmerksamkeit
beobachten Sie, wie Sie auf den anderen wirken.

Was Ihnen jetzt wichtig ist

Sie machen das, was Sie interessiert, mit voller
Begeisterung und persönlichem Engagement.
Sie erleben es mit erregender Intensität und reizvoller Faszination. Sie halten Ihr Anliegen für
bedeutungsvoll und sehr wichtig. Dadurch fühlen
Sie sich auch selbst als bedeutende Persönlichkeit,
die auf andere einen attraktiven und
beeindruckenden Einfluß auszuüben vermag.

Was Ihnen jetzt wichtig ist

Am liebsten möchten Sie sich von dem Sie
belastenden Druck befreien und sich mit Charme
und Aufgeschlossenheit solchen Begegnungen und
Interessen zuwenden, die reizvolle und ästhetische
Erlebnisse bieten, zum Beispiel eine unbeschwerte,
reizvolle Freundschaft oder Reisen, Kunst, Literatur
und Musik. Sie überlassen Ihre Gedanken und
Gefühle mit Vorliebe originellen und reizvollen
Ideen.

Was Ihnen jetzt wichtig ist

Ihr größter Wunsch ist ein intensives Engagement
in einer Atmosphäre und Beziehung von sen-
siblem Verständnis und Resonanz. Es geht Ihnen
hauptsächlich darum, daß eine feinfühlende
Übereinstimmung »auf gleicher Wellenlänge« und
eine gefühlvolle Interessiertheit besteht.

Was Ihnen jetzt wichtig ist

Sie möchten unbedingt reinen Tisch machen und sich von jeder Abhängigkeit, von Beeinflussung und Zwang befreien; denn Sie sehnen sich nach einfühlsamer und intimer Übereinstimmung und zartfühlender Verständnisbereitschaft.

Was Ihnen jetzt wichtig ist

Sie haben den eigenwilligen Anspruch, daß sich der
andere so verhält, wie Sie es erwarten. Sie haben
zwar den Wunsch nach einer innigen Übereinstimmung und erotischen Verschmelzung, doch
wollen Sie erzwingen, daß sich der andere
unbedingt Ihren Vorstellungen und Erwartungen
unterwirft.

Was Ihnen jetzt wichtig ist

Es ist Ihr größter Wunsch, nach all dem Erlebten die
innere Ruhe und Zufriedenheit wiederzufinden.
Deshalb vermeiden Sie Beziehungen, die ein
belastendes Engagement zur Folge haben könnten.

Was Ihnen jetzt wichtig ist

Sie wissen zwar noch nicht wie, aber Sie wissen, daß es anders werden muß. Darin sind Sie entschieden und lassen sich weder beeinflussen noch umstimmen.

Was Ihnen jetzt wichtig ist

Sie haben zwar die Bereitschaft und den Willen, sich
aktiv einzusetzen, um etwas Erfolgreiches zu
bewirken, aber wie Sie das Ziel erreichen, ist noch
völlig offen und unbestimmt oder illusionär.

Was Ihnen jetzt wichtig ist

Sie haben das dringende Bedürfnis, dem Druck zu
entfliehen, der durch den frustrierenden Streß
entstanden ist; denn Ihre Erwartungen und Ansprüche werden unter diesen Bedingungen nicht
befriedigt.

Was Ihnen jetzt wichtig ist

Sie haben zwar die Bereitschaft und den Wunsch
nach einer feinfühlend-zärtlichen Übereinstimmung
und nach einer Resonanz auf gleicher Wellenlänge,
doch fehlen dafür zur Zeit die äußeren
Voraussetzungen; denn wegen Ihrer Sensibilität
hüten Sie sich davor, sich auf Beziehungen
einzulassen, die Sie enttäuschen oder verletzen
könnten.

Was Ihnen jetzt wichtig ist

Sie unterdrücken Ihre spontanen Gefühle und
blockieren damit eine aufgeschlossene, offenherzige
Zuwendung zum anderen. Auf diese Weise
möchten Sie sich gegen belastende Auseinandersetzungen und gegen ärgerliche Enttäuschungen
schützen.

Was Ihnen jetzt wichtig ist

Die unbedingte Freiheit ist Ihr zielloses Ziel.
Deshalb lehnen Sie unbedingt und konzessionslos
jede Beeinflussung ab. Sie verteidigen Ihre
Unabhängigkeit mit schroffer Hartnäckigkeit.

Was Ihnen jetzt wichtig ist

Mit eigenwilliger Hartnäckigkeit verteidigen Sie
Ihren Standpunkt. Sie verschanzen sich dahinter
wie in einer Festung, um endlich die Ruhe zu
finden, die Sie dringend benötigen.

Was Ihnen jetzt wichtig ist

Mit eisernem Willen und mit eigenwilliger Hartnäckigkeit verteidigen Sie sich gegen jede
Beeinflussung. Sie beharren auf dem Anspruch,
daß Ihr Standpunkt und Ihre Absicht unbedingt
respektiert werden.

Was Ihnen jetzt wichtig ist

Sie wollen mit leidenschaftlicher Heftigkeit die
Wirkung erleben und den Erfolg sehen, damit er
Ihnen ein Gefühl der Überlegenheit gegenüber den
Hindernissen gibt. Doch kann diese Haltung zu
rücksichtslos und aggressiv wirkenden Handlungen
führen.

MITTE

Was Ihnen jetzt wichtig ist

Da Sie mit Ihrer eigenwilligen Absicht auf
Schwierigkeiten und Hindernisse gestoßen sind,
ist Ihre innere Gespanntheit übermäßig stark.
Dadurch entsteht eine rasche Reizbarkeit. Sie laufen
deshalb Gefahr, durch abrupte Entscheidungen
und überstürzte Handlungen einen zerstörerischen Ausweg zu erzwingen.

Was Ihnen jetzt wichtig ist

Sie haben den eigenwilligen Anspruch, daß sich der
andere so verhalten müsse, wie Sie es erwarten.
Sie haben zwar den Wunsch nach einer innigen
Übereinstimmung und erotischen Verschmelzung,
doch wollen Sie erzwingen, daß sich der andere
unbedingt Ihren Vorstellungen und Erwartungen
unterwirft.

Was Ihnen jetzt wichtig ist

Die unbedingte Freiheit ist Ihr zielloses Ziel.
Deshalb lehnen Sie unbedingt und konzessionslos
jede Beeinflussung ab.

Was Ihnen jetzt wichtig ist

Sie haben einen eigensinnigen Anspruch auf
Geltung und wollen sich unbedingt Respekt
verschaffen. Deswegen verschließen Sie sich und
stauen die gemütvollen und herzlichen Gefühle
der Zuneigung. Dadurch wirken Sie hart und
intolerant. Aus Unzufriedenheit werden Sie rasch
ungeduldig, stoßen andere vor den Kopf und
treffen unbedachte Entscheidungen.

Senkrechte Auswertung

 oben

unten

Was Sie wollen und tun

Sie haben jetzt das Bedürfnis, sich innerhalb eines
überschaubaren, Ihnen vertrauten Bereiches
gesichert und geborgen zu fühlen. Damit in diesem
Kreise friedliche, harmonische Beziehungen
herrschen, möchten Sie alles vermeiden, was zu
aggressiven Auseinandersetzungen führen könnte.

Was Sie wollen und tun

Sie sind bemüht, Spannungen und Konflikte
friedlich und gerecht zu lösen und dadurch
Auseinandersetzungen zu vermeiden. Sie gehen
behutsam vor und beachten feine Einzelheiten.
Sie geben sich Mühe, auch schwierige Situationen
und Aufgaben mit Geduld und Umsicht zu
meistern.

RECHTS

Was Sie wollen und tun

Sie möchten sich gegen belastende Konflikte und
ermüdende Verständnislosigkeit abschirmen.
Es ist Ihr Bestreben, durch gegenseitige Rücksichtnahme eine vertrauensvolle Beziehung zu schaffen,
damit eine friedliche, sich harmonisch ergänzende
Zusammenarbeit möglich ist.

Was Sie wollen und tun

Statt etwas ungeduldig zu begehren oder
erzwingen zu wollen, sind Sie fähig abzuwarten.
Dadurch halten Sie sich alle Möglichkeiten offen.
Ihre innere Gelöstheit und unbefangene Heiterkeit
verbunden mit der Fähigkeit, eine Situation
empfindsam zu beobachten und feinfühlig zu
erleben, ermöglichen Ihnen, Freuden genießen zu
können. Sie haben die Fähigkeit, das Vorhandene
mit wachen Sinnesempfindungen zu bejahen, die
schönen Seiten zu entdecken, sich ihnen genußvoll
hinzugeben und sie verweilend auszukosten.

RECHTS

Was Sie wollen und tun

Sie können sich in andere gut und empfindsam
einfühlen. Sie benützen Ihr psychologisches
Feingefühl, um den anderen zu verstehen. Ihre
Intuition zeigt Ihnen den Weg, sich richtig zu
verhalten. Sie sind eher rücksichtsvoll als fordernd.
Sie legen großen Wert auf eine ästhetisch
ansprechende und harmonische Gestaltung Ihrer
Beziehungen und Ihrer Umwelt.

Was Sie wollen und tun

Sie möchten unbedingt reinen Tisch machen, um sich nicht mehr ärgern und aufregen zu müssen. Sie möchten in Frieden gelassen werden, um endlich die Ruhe zu finden, die Sie dringend benötigen.

119

Was Sie wollen und tun

Mit eigenwilliger Hartnäckigkeit verteidigen Sie
Ihren Standpunkt. Sie verschanzen sich dahinter
wie in einer Festung, um endlich die Ruhe zu
finden, die Sie dringend benötigen.

Was Sie wollen und tun

Sie haben den festen Willen, sich zu behaupten. Sie
wollen den Anforderungen gewachsen sein und
Schwierigkeiten mit Beharrlichkeit meistern. Durch
Zuverlässigkeit und Kompetenz wollen Sie sich die
erwünschte Anerkennung und den angemessenen
Respekt verschaffen.

Was Sie wollen und tun

Um die Situation unter Kontrolle zu haben, sich gegen Benachteiligung zu schützen und als kompetent respektiert zu werden, verteidigen Sie Ihren Standpunkt. Sie wollen entschieden auftreten und im Vorgehen konsequent und beharrlich sein.

Was Sie wollen und tun

Sie wollen sich mit beharrlicher Ausdauer und
autoritativer Intensität durchsetzen. Sie verfolgen
die Absicht mit Initiative und Konsequenz.
Sie haben den Ehrgeiz, Hindernisse und Widerstände zu bewältigen und sich durch erfolgreiche
Leistungen zur Geltung zu bringen.

RECHTS

Was Sie wollen und tun

Sie beobachten und beurteilen die Situation mit wacher, kritischer Aufmerksamkeit. Sie verstehen es, Nachteile zu vermeiden und vorteilhafte Möglichkeiten auszunützen. Sie wollen sich durch Kompetenz Achtung verschaffen. Sie wollen selbständig entscheiden und anordnen können.

Was Sie wollen und tun

Sie wollen sich behaupten und als besondere
Persönlichkeit geachtet werden. Sie möchten als
zuständig gelten. Sie kontrollieren sich und
beobachten Ihre Wirkung auf andere. Sie sind
wählerisch und suchen nach dem Besonderen und
nach dem auserlesen Reizvollen. Durch die
ausgesuchte Art Ihrer Erscheinung und Ihr
gewandtes und bestimmtes Auftreten wollen Sie
sich als Persönlichkeit von anderen abheben.
Schwierige Aufgaben und Situationen meistern
Sie mit Umsicht und Vorsicht.

Was Sie wollen und tun

Sie möchten unbedingt reinen Tisch machen, um sich nicht mehr ärgern und aufregen zu müssen. Aber Sie beharren auf Ihrer Meinung und bleiben bei Ihrer Absicht. Sie wollen sich gegen die Schwierigkeiten behaupten und verschanzen sich, um sich gegen Angriffe zu schützen.

Was Sie wollen und tun

Mit eisernem Willen und mit eigenwilliger Hartnäckigkeit verteidigen Sie sich gegen jede
Beeinflussung. Sie beharren auf dem Anspruch,
daß Ihr Standpunkt und Ihre Absicht unbedingt
respektiert werden.

RECHTS

Was Sie wollen und tun

Sie schaffen durch Ihre ruhige, regelmäßige
Aktivität und engagierte Zuwendung zu Ihren
Aufgaben und den anderen eine liebenswürdige
kommunikative Beziehung, dadurch bewirken
Sie eine freundliche Atmosphäre, die Vertrauen
erzeugt und eine harmonische Zusammenarbeit
ermöglicht.

RECHTS

Was Sie wollen und tun

Sie verfolgen Ihre Absicht mit Eifer und Intensität.
Sie lassen sich vom Ziel nicht ablenken.
Hindernisse und Schwierigkeiten sind für Sie
Herausforderungen, die Sie mit Energie bewältigen
wollen. Sie wollen sich behaupten und sich
durchsetzen. Der Erfolg ist Ihnen wichtig und stärkt
Ihr Selbstvertrauen.

RECHTS

Was Sie wollen und tun

Sie haben das Begehren, sich mit Ihrer lebhaften
Aktivität expansiv durchzusetzen.
Herausforderungen reizen Sie. Sie wollen Ihre
Wirkung spüren und den Erfolg intensiv erleben.

Was Sie wollen und tun

Neue Möglichkeiten begeistern Sie. Sie sind für neue Begegnungen aufgeschlossen und ergreifen die Gelegenheit zu Kontaktbeziehungen. Sie wollen aktiv teilnehmen, sich mit lebhaftem Interesse entfalten und mit Intensität vieles erleben. Sie sehen der Zukunft erwartungsvoll entgegen und sind voller Elan.

Was Sie wollen und tun

Sie wollen die anderen mit dem Reiz des Außergewöhnlichen faszinieren und als besondere Persönlichkeit eine erotisch anziehende Wirkung ausüben.

Was Sie wollen und tun

Sie möchten unbedingt reinen Tisch machen und
sich von jeder Art von Beeinflussung oder
Zwang befreien; denn Sie wollen mit Freude das
tun können, was für Sie interessant und erlebenswert ist.

Was Sie wollen und tun

Sie wollen mit leidenschaftlicher Heftigkeit die
Wirkung erleben und den Erfolg sehen, damit er
Ihnen ein Gefühl der Überlegenheit gegenüber
den Hindernissen gibt. Doch kann diese Haltung
zu rücksichtslos und aggressiv wirkenden
Handlungen führen.

Was Sie wollen und tun

Sie erwarten, daß Ihren Bedürfnissen ein liebevolles Verständnis entgegengebracht wird und
wünschen sich sorglose, unbekümmerte Verhältnisse
ohne belastende Anforderungen, ohne Streß und
Schwierigkeiten.

RECHTS

Was Sie wollen und tun

Sie beobachten die anderen und die Situation mit wacher Aufmerksamkeit. Sie suchen nach Lösungen, die eine Befreiung von Problemen oder von bedrückenden Umständen bringen. Um sich zu entfalten, entwickeln Sie eigene Ideen, mit denen Sie sich persönlich profilieren. Damit aber distanzieren Sie sich von den anderen.

Was Sie wollen und tun

Neue Möglichkeiten begeistern Sie. Sie greifen sie mit lebhaftem Interesse auf und erwarten von neuen Begegnungen und Kontaktbeziehungen Anregungen, um sich zu entfalten und viel Interessantes intensiv zu erleben. Sie sind voller Elan und Erwartungen auf die Zukunft gerichtet.

RECHTS

Was Sie wollen und tun

Sie ertragen keine Behinderungen und Widerstände
gegen Ihre Ideen und Ziele. Sie wollen sich alle
Möglichkeiten offenhalten, um sich frei entfalten zu
können und unbehindert das zu tun, was Sie am
meisten reizt.

Was Sie wollen und tun

Sie suchen reizvolle Anregungen und interessante
Kontakte. Sie lassen sich von ästhetisch und erotisch
ansprechenden Reizen faszinieren. Sie überlassen
Ihre Gedanken und Gefühle erwartungsvoll
aufgeschlossen reizvollen Ideen und Phantasien.

RECHTS

Was Sie wollen und tun

Sie möchten unbedingt reinen Tisch machen und
sich von Behinderungen und Zwang befreien.
Sie finden, daß Ihre Meinung und Ihre Wünsche
nicht verstanden und nicht angemessen respektiert
werden.

Was Sie wollen und tun

Da Sie mit Ihrer eigenwilligen Absicht auf
Schwierigkeiten und Hindernisse gestoßen sind,
ist Ihre innere Gespanntheit übermäßig stark.
Dadurch entsteht eine rasche Reizbarkeit. Sie laufen
deshalb Gefahr, durch abrupte Entscheidungen
und überstürzte Handlungen einen zerstörerischen
Ausweg zu erzwingen.

RECHTS

Was Sie wollen und tun

Sie fühlen sich mit intuitivem psychologischem Verständnis in den anderen ein. Dadurch erreichen Sie eine intime Vertrautheit und schaffen die Voraussetzung zu einer gefühlvollen Übereinstimmung. Sie haben auch ein ausgeprägtes ästhetisches Empfinden und Feingefühl für harmonisches Gestalten. Sie versuchen, die Beziehung mit Rücksicht und Charme gefühlvoll und faszinierend interessant zu gestalten.

Was Sie wollen und tun

Sie verstehen es, durch eine ansprechende
ästhetische Gestaltung zu imponieren. Durch
attraktive Besonderheiten profilieren Sie sich als
Persönlichkeit. Sie beobachten die eigene Wirkung
und die Reaktion der anderen mit einfühlender
Aufmerksamkeit. Mit charmanter Gewandtheit
versuchen Sie, einen maßgebenden Einfluß zu
haben und Ihre Ansprüche durchzusetzen.

RECHTS

Was Sie wollen und tun

Sie wenden sich Interessantem voll Begeisterung und persönlichem Engagement zu. Sie erleben es mit lustvoll erregender Intensität und erotischer Faszination. Ihr eigenes Anliegen halten Sie für bedeutungsvoll und wichtig. Sie fühlen sich auch selbst so und gestalten sich ein imponierendes Umfeld.

RECHTS

Was Sie wollen und tun

Sie möchten sich nicht gegen Widerstände durch-
setzen müssen, sondern sich mit Charme und
Aufgeschlossenheit solchen Interessen zuwenden,
die das Bedürfnis nach reizvollen und ästhetischen
Erlebnissen (zum Beispiel Kunst, Musik, Literatur,
Reisen) befriedigen. Sie überlassen Ihre Gedanken
und Gefühle gerne originellen und reizvollen
Einfällen.

RECHTS

Was Sie wollen und tun

Sie möchten erreichen, daß eine feinfühlende
Übereinstimmung »auf gleicher Wellenlänge« und
eine gefühlvolle Interessiertheit entsteht.
Sie dirigieren und motivieren die anderen nicht
autoritär, sondern mit taktischem Charme und
Begeisterung. Sie sind von ästhetisch und erotisch
ansprechenden Ideen fasziniert.

146

Was Sie wollen und tun

Sie möchten unbedingt reinen Tisch machen und
sich von jeder Abhängigkeit, von Beeinflussung
und Zwang befreien; denn Sie sehnen sich nach
einfühlsamer und intimer Übereinstimmung und
zartfühlender Verständnisbereitschaft.

RECHTS

Was Sie wollen und tun

Sie haben den eigenwilligen Anspruch, daß sich der andere so verhalten muß, wie Sie es erwarten. Sie haben zwar den Wunsch nach einer innigen Übereinstimmung und erotischen Verschmelzung, doch wollen Sie erzwingen, daß sich der andere unbedingt Ihren Vorstellungen und Erwartungen unterwirft.

Was Sie wollen und tun

Es ist Ihr größter Wunsch, nach all dem Erlebten die innere Ruhe und Zufriedenheit wiederzufinden. Deshalb vermeiden Sie Beziehungen, die ein belastendes Engagement zur Folge haben könnten.

RECHTS

Was Sie wollen und tun

Sie wissen zwar noch nicht wie, aber Sie wissen,
daß es anders werden muß. Darin sind Sie
entschieden und lassen sich weder beeinflussen
noch umstimmen.

Was Sie wollen und tun

Sie haben zwar die Bereitschaft und den Willen, sich
aktiv einzusetzen, um etwas Erfolgreiches zu
bewirken, aber wie Sie das Ziel erreichen, ist noch
völlig offen und unbestimmt oder illusionär.

Was Sie wollen und tun

Sie haben das dringende Bedürfnis, dem Druck zu entfliehen, der durch frustrierenden Streß entstanden ist; denn Ihre Erwartungen und Ansprüche werden unter diesen Bedingungen nicht befriedigt.

Was Sie wollen und tun

Sie haben zwar die Bereitschaft und den Wunsch nach einer feinfühlend-zärtlichen Übereinstimmung und nach einer Resonanz auf »gleicher Wellenlänge«, doch fehlen dafür zur Zeit die äußeren Voraussetzungen; denn wegen Ihrer Sensibilität hüten Sie sich davor, sich auf Beziehungen einzulassen, die Sie enttäuschen oder verletzen könnten.

RECHTS

Was Sie wollen und tun

Sie unterdrücken Ihre spontanen Gefühle und
blockieren damit eine aufgeschlossene, offenherzige
Zuwendung zum anderen. Auf diese Weise
möchten Sie sich gegen belastende Auseinandersetzungen und gegen ärgerliche Enttäuschungen
schützen.

Was Sie wollen und tun

Die unbedingte Freiheit ist Ihr zielloses Ziel.
Deshalb lehnen Sie unbedingt und konzessionslos
jede Beeinflussung ab. Sie verteidigen Ihre
Unabhängigkeit mit schroffer Hartnäckigkeit.

RECHTS

Was Sie wollen und tun

Mit eigenwilliger Hartnäckigkeit verteidigen Sie Ihren Standpunkt. Sie verschanzen sich dahinter wie in einer Festung, um endlich die Ruhe zu finden, die Sie dringend benötigen.

156

Was Sie wollen und tun

Mit eisernem Willen und mit eigenwilliger Hartnäckigkeit verteidigen Sie sich gegen jede
Beeinflussung. Sie beharren auf dem Anspruch,
daß Ihr Standpunkt und Ihre Absicht unbedingt
respektiert werden.

Was Sie wollen und tun

Sie wollen mit leidenschaftlicher Heftigkeit die Wirkung erleben und den Erfolg sehen, damit er Ihnen ein Gefühl der Überlegenheit gegenüber den Hindernissen gibt. Doch kann diese Haltung zu rücksichtslos und aggressiv wirkenden Handlungen führen.

RECHTS

Was Sie wollen und tun

Da Sie mit Ihrer eigenwilligen Absicht auf
Schwierigkeiten und Hindernisse gestoßen sind,
ist Ihre innere Gespanntheit übermäßig stark.
Dadurch entsteht eine rasche Reizbarkeit. Sie laufen
deshalb Gefahr, durch abrupte Entscheidungen
und überstürzte Handlungen einen zerstörerischen
Ausweg zu erzwingen.

RECHTS

Was Sie wollen und tun

Sie haben den eigenwilligen Anspruch, daß sich der andere so verhalten muß, wie Sie es erwarten. Sie haben zwar den Wunsch nach einer innigen Übereinstimmung und erotischen Verschmelzung, doch wollen Sie erzwingen, daß sich der andere unbedingt Ihren Vorstellungen und Erwartungen unterwirft.

Was Sie wollen und tun

Die unbedingte Freiheit ist Ihr zielloses Ziel.
Deshalb lehnen Sie unbedingt und konzessionslos
jede Beeinflussung ab.

Was Sie wollen und tun

Sie haben einen eigensinnigen Anspruch auf
Geltung und wollen sich unbedingt Respekt
verschaffen. Deswegen verschließen Sie sich und
stauen die gemütvollen und herzlichen Gefühle
der Zuneigung. Dadurch wirken Sie hart und
intolerant. Aus Unzufriedenheit werden Sie rasch
ungeduldig, stoßen andere vor den Kopf und
treffen unbedachte Entscheidungen.

2 FÄCHER der Entfaltung

links oben rechts oben

Mitte
unten

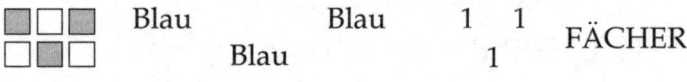
Es ist Ihr wesentlicher Anspruch und Ihr dringendes Bedürfnis, die Verhältnisse so zu gestalten, daß eine ruhige und entspannte Zufriedenheit besteht. Es ist Ihnen wichtig, daß die Beziehung harmonisch ist und daß Konflikte vermieden oder bereinigt werden. Damit schaffen Sie die Voraussetzung für die innere Ruhe und Gelassenheit, die Sie brauchen, um sich wohl zu fühlen.

Es ist Ihr wesentlicher Anspruch und Ihr dringendes Bedürfnis, kompetent zu sein und Ihre
Absicht durchzusetzen. Sie halten an Ihrer Überzeugung fest und lassen sich nicht beeinflussen.
Sie bleiben konsequent, um Ihr Ziel zu erreichen.

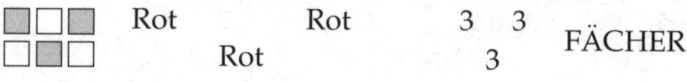

Es ist Ihr wesentlicher Anspruch und Ihr dringendes Bedürfnis, eine starke Wirkung zu erzielen.
Zugleich wollen Sie Ihr Wirkungsfeld expansiv
vergrößern. Das, was Sie begehren zu erobern
und Erfolg zu haben, gibt Ihnen ein erregendes
Gefühl der Stärke, der Überlegenheit und der
Bestätigung.

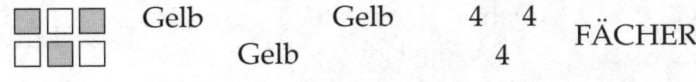
Es ist Ihr wesentlicher Anspruch und Ihr dringen-
des Bedürfnis, sich von aufreibenden Belastungen
zu befreien. Sie möchten alle bedrückenden
Behinderungen beseitigen, damit Sie sich frei
und unbehindert fühlen können.

FÄCHER

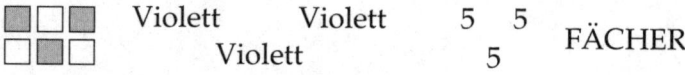
Es ist Ihr wesentlicher Anspruch und Ihr dringendes Bedürfnis, sich an der Faszination gefühlvoller Erlebnisse zu berauschen. Mit lebhafter Sensibilität begeistern Sie sich für ästhetische Empfindungen und für gefühlvolle und erotische Beziehungen, wenn sie Ihrer Wellenlänge entsprechen.

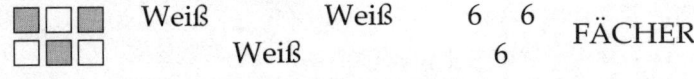
Es ist Ihr wesentlicher Anspruch und Ihr dringen-
des Bedürfnis, sich von den schwer erträglichen und bedrückenden Belastungen und von
behindernden Zwangssituationen unbedingt zu
befreien. Sie möchten aus diesen Verhältnissen
ausbrechen, um in einer neuen, besseren
Lebenssituation tun zu können, was Ihnen beliebt.

FÄCHER

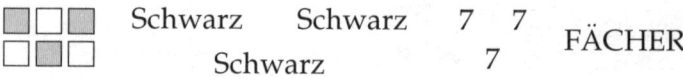
Es ist Ihr wesentlicher Anspruch und Ihr dringen-
des Bedürfnis, Ihre eigenwilligen Wünsche
durchsetzen zu können. Sie halten hartnäckig an
Ihrer Meinung fest und wollen erzwingen, daß sich
Ihre Ansprüche erfüllen. Andere Ansichten weisen
Sie intolerant zurück, um sich nicht beeinflussen
und nicht verunsichern zu lassen.

3 DACH des Lebenskreises

Mitte
oben

links unten   rechts unten

Sie benötigen in Ihrem Lebenskreis Bedingungen,
die Ihnen konfliktlose Ruhe und eine harmonische
Zufriedenheit bieten. Darum ist es Ihnen wichtig,
daß ein Gefühl der vertrauensvollen Verbundenheit
besteht.

DACH

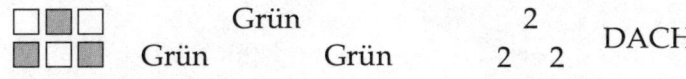
Sie benötigen in Ihrem Lebenskreis Verhältnisse,
die Ihnen Sicherheit, Anerkennung und
Respekt gewährleisten. Sie wollen sich gegen
Einflüsse, die Sie verunsichern könnten, schützen.
Darum haben Sie den festen Willen, den
Anforderungen gewachsen zu sein und
Schwierigkeiten zu meistern.

DACH

Sie benötigen in Ihrem Lebenskreis Bedingungen, in denen Sie Ihre lebhafte Unternehmungsfreude ohne Behinderung ausleben können. In der erfolgreichen Aktivität erleben Sie das Gefühl der eigenen Wirkung und finden darin Ihre Bestätigung.

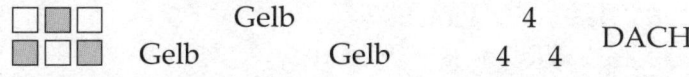

Sie benötigen in Ihrem Lebenskreis Bedingungen,
die Sie von beengendem Druck und behindernden
Belastungen befreien. Sie möchten daraus ausbrechen und die Erlebnis-Freiheit haben, das tun zu
können, was Ihnen beliebt.

175

Sie benötigen in Ihrem Lebenskreis Bedingungen, die den Zauber reizvoller Erlebnisse bieten.
Sie möchten, besonders für Ihre ästhetischen und erotischen Interessen, eine starke Resonanz auf gleicher Wellenlänge finden. Originelle Ideen und reizvolle Besonderheiten empfinden Sie als beglückende Faszination, die Ihr Leben bereichert.

DACH

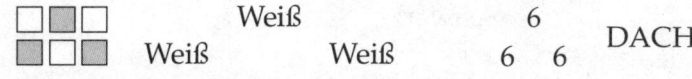
Sie benötigen in Ihrem Lebenskreis Bedingungen,
die Sie von schwer erträglichen Belastungen und
aufreibenden Konflikten befreien. Sie möchten aus
der bedrückenden Situation ausbrechen, um unter
besseren Verhältnissen das innere Gleichgewicht
wiederzufinden.

DACH

177

Sie benötigen in Ihrem Lebenskreis solche
Bedingungen, daß Sie nach Ihrem ausgeprägten
Eigenwillen schalten und walten können. Sie wollen
sich nicht anpassen müssen. Wenn Ihre Meinung
und Ihre Ansprüche nicht respektiert werden,
widersetzen Sie sich mit trotziger Hartnäckigkeit.

DACH

4 WAAGERECHT

oben:
Anspruchs- und Erwartungshaltung

unten:
Verhalten im eigenen Kreis

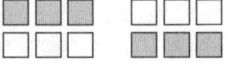
Blau   Blau   Blau

oben:
Anspruchs- und Erwartungshaltung

unten:
Verhalten im eigenen Kreis

Sie finden, daß Sie zuviel haben erdulden müssen
und möchten sich jetzt von den erschöpfenden
Spannungen erholen. Sie möchten sich nicht mehr
ärgern müssen und ertragen keine Spannungen und
Auseinandersetzungen mehr. Sie sehnen sich nach
rücksichtsvoller Ruhe und nach konfliktfreier
Harmonie. Sie haben das dringende Bedürfnis nach
Verhältnissen und nach einer Partnerbeziehung, die
Ruhe und Befriedigung bieten, um sich dabei wohl,
zufrieden und zu Hause fühlen zu können.

WAAGERECHT

180

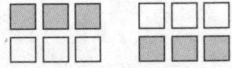

Blau Grün Blau

oben:
Anspruchs- und Erwartungshaltung

unten:
Verhalten im eigenen Kreis

Sie wollen sich behaupten und den Anforderungen
und Schwierigkeiten gewachsen sein. Damit wollen
Sie eine ruhige Stabilität, eine fundierte Sicherheit
und friedvolle Geborgenheit erreichen. Sie erwarten
von anderen eine aufmerksame, rücksichtsvolle
Achtung. Bei Unaufmerksamkeit, Respektlosigkeit
und besonders bei Ungerechtigkeit reagieren Sie
empfindlich. Gegenüber Ihrer Umwelt nehmen Sie
eine feinfühlige, aber auch kritisch beobachtende
Haltung ein. Sie beachten feine Unterschiede und
sind wählerisch. Sie bemühen sich, die Situation
und die übernommene Aufgabe sachlich begründet
zu meistern.

WAAGERECHT

181

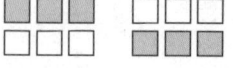
Blau Rot Blau

oben:
Anspruchs- und Erwartungshaltung

unten:
Verhalten im eigenen Kreis

Die regelmäßige Aktivität und eine liebevolle
Beziehung zu den nahestehenden Menschen ist
für Sie eine wichtige Voraussetzung für Ihre
Zufriedenheit. Darum ist Ihnen eine erlebnisstarke
und zugleich harmonische Lebensgestaltung ein
wichtiges Anliegen. Sie legen großen Wert auf eine
gute kommunikative Beziehung und auf eine
liebevolle, innige Verbundenheit, die auch eine
gefühlvolle und erotische Befriedigung bietet.

WAAGERECHT

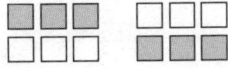

Blau   Gelb   Blau

oben:
Anspruchs- und Erwartungshaltung

unten:
Verhalten im eigenen Kreis

Sie sind anderen gegenüber hilfsbereit und
erwarten auch von ihnen ein liebevolles und
verständnisvolles Entgegenkommen. Sie möchten
nicht kämpfen müssen, um sich durchzusetzen,
sondern wünschen sich, daß die Beziehung
entgegenkommend, offen und herzlich ist. Für
solche Begegnungen und Interessen, die Ihre
Gefühle ansprechen, sind Sie besonders aufgeschlossen und empfänglich.

WAAGERECHT

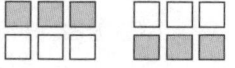

Blau Violett Blau

oben:
Anspruchs- und Erwartungshaltung

unten:
Verhalten im eigenen Kreis

Sie sehnen sich nach reizvoller und einfühlsamer
Übereinstimmung, nach verständnisvoller und
intimer Verliebtheit. Sie möchten mit Zartgefühl
verstanden und behandelt werden. Eine solche
feinfühlig-romantische Verliebtheit erleben Sie
als faszinierenden und idealen Harmoniezustand.
Sie geben sich Interessen, welche die Gefühle
ansprechen (z. B. psychologischen oder ästhetischen
Interessen), mit empfindsamer Einfühlung und
anhaltender Faszination hin.

184

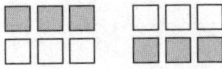
Blau Weiß Blau

oben:
Anspruchs- und Erwartungshaltung

unten:
Verhalten im eigenen Kreis

Sie möchten sich von bedrückenden Belastungen
befreien. Sie suchen einen Ausweg und eine
Lösung, bei der Sie Konfrontationen vermeiden
können und nicht kämpfen müssen. Darum wäre es
Ihnen am liebsten, alles würde sich friedlich und
von selbst arrangieren.

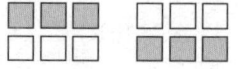
Blau Schwarz Blau

oben:
Anspruchs- und Erwartungshaltung

unten:
Verhalten im eigenen Kreis

Zwar wollen Sie erzwingen, daß Ihre Ansprüche erfüllt werden, doch können Sie die aufreibenden, deprimierenden und erschöpfenden Belastungen kaum mehr ertragen. Sie glauben, daß Sie die dringend benötigte Ruhe und Entspannung erst wiederfinden, wenn Sie Ihren Willen durchgesetzt und Ihr Ziel erreicht haben.

WAAGERECHT

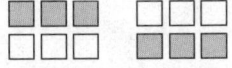

Grün   Blau   Grün

oben:
Anspruchs- und Erwartungshaltung

unten:
Verhalten im eigenen Kreis

Sie streben nach Beständigkeit, um sich gesichert zu fühlen. Sie wollen als Persönlichkeit rücksichtsvoll beachtet, respektiert und gewürdigt werden. Darum sind Sie gegen Unaufmerksamkeit, Respektlosigkeit und besonders gegen Ungerechtigkeit empfindlich. Sie nehmen zur Umwelt eine beobachtende Haltung ein. Sie sind kritisch und wählerisch. Sie bemühen sich, die Situation und die übernommene Aufgabe durch behutsames Vorgehen zu meistern. Sie beobachten feine Einzelheiten.

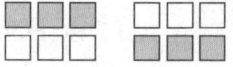

Grün   Grün   Grün

oben:
Anspruchs- und Erwartungshaltung

unten:
Verhalten im eigenen Kreis

Sie lassen sich in Ihrer Überzeugung nicht beeinflussen. Deshalb verteidigen Sie Ihre Interessen
und lassen sich vom Ziel nicht ablenken.
Sie wollen sich und den anderen Ihre Selbständigkeit und Unabhängigkeit beweisen. Sie haben
den festen Willen, sich zu profilieren und gegenüber der Durchschnittlichkeit herauszuheben.
Sie verlangen, daß man Ihre besondere Meinung
und Geltung angemessen beachtet und respektiert.
Sie wollen nach der festen eigenen Meinung selbst
bestimmen und verfügen können.

188

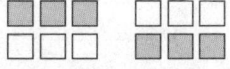

Grün Rot Grün

oben:
Anspruchs- und Erwartungshaltung

unten:
Verhalten im eigenen Kreis

Sie haben den festen Willen, sich gegen Schwierigkeiten zu behaupten und sich von widrigen Umständen nicht unterkriegen zu lassen. Sie wehren
sich dagegen zu erschlaffen und gegen sich
weichlich nachgiebig zu sein. Sie wollen sich
als Persönlichkeit profilieren und sich zur Geltung
bringen. Deshalb gestatten Sie es sich nicht, sich
bequemen Behaglichkeiten hinzugeben. Sie fordern
viel von sich selbst, denn Sie wollen Ihre eigenen
Absichten und Forderungen durchsetzen.

WAAGERECHT

189

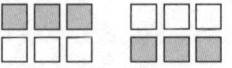

Grün Gelb Grün

oben:
Anspruchs- und Erwartungshaltung

unten:
Verhalten im eigenen Kreis

Sie sind ein aufmerksamer, wacher und auch
kritischer Beobachter. Sie haben den Ehrgeiz, durch
klares Denken, Einteilen und Anordnen kompetent
und unabhängig zu sein. Sie verstehen es, vorteilhafte Gelegenheiten zu erkennen und zu nutzen.
Sie möchten als besondere Persönlichkeit geachtet
sein und damit die innere Distanz gegenüber
anderen überbrücken.

WAAGERECHT

190

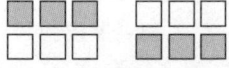

Grün Violett Grün

oben:
Anspruchs- und Erwartungshaltung

unten:
Verhalten im eigenen Kreis

Sie wollen sich behaupten und als besondere
Persönlichkeit geachtet und beachtet werden.
Deshalb beobachten Sie die eigene Haltung und
Ihre Wirkung auf andere. Sie suchen mit
wählerischem Feingefühl nach dem Besonderen
und nach dem auserlesen Reizvollen. Sie wollen
sich als Persönlichkeit profilieren und sich mit
attraktiver Besonderheit Beachtung verschaffen.
Sie kontrollieren sich und verteidigen Ihre Position
mit gespannter Wachheit, mit Einfühlung und
Gewandtheit.

WAAGERECHT

191

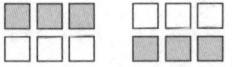

Grün Weiß Grün

oben:
Anspruchs- und Erwartungshaltung

unten:
Verhalten im eigenen Kreis

Sie wollen sich jetzt unbedingt aus den Behinderungen, gegen die Sie ankämpfen, befreien. Sie
wollen Ihren Willen durchsetzen und sich keinen
Zwängen unterwerfen müssen. Darum möchten
Sie aus der schwer zu ertragenden Situation
ausbrechen.

WAAGERECHT

192

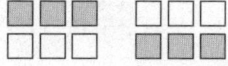

Grün   Schwarz   Grün

oben:
Anspruchs- und Erwartungshaltung

unten:
Verhalten im eigenen Kreis

Sie wollen sich als Persönlichkeit und Ihren eigenen
Ansichten unbedingt Geltung und Respekt
verschaffen. Sie halten mit trotziger Hartnäckigkeit
an Ihrem Standpunkt fest und verteidigen ihn
gegen alle Widerstände. Diese unnachgiebige
Haltung kann von anderen als selbstherrlich und
anmaßend empfunden werden.

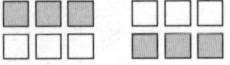

Rot Blau Rot

oben:
Anspruchs- und Erwartungshaltung

unten:
Verhalten im eigenen Kreis

Das, worum es Ihnen vor allem geht, ist eine
harmonische Verbundenheit und liebevolle
Zusammengehörigkeit mit den Ihnen
nahestehenden Menschen. Sie möchten keine
isolierende Distanz aufkommen lassen und
vermeiden deshalb verletzende Kritik. Es ist Ihr
Bestreben, gemeinsam mit anderen aktiv zu sein
und ein unternehmungsfreudiges Team mit
gegenseitiger Verständnisbereitschaft und Rücksichtnahme zu schaffen. Dadurch entstehen
freundschaftliche und familiäre Beziehungen und
eine liebevolle Partnerschaft.

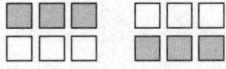
Rot Grün Rot

oben:
Anspruchs- und Erwartungshaltung

unten:
Verhalten im eigenen Kreis

Sie haben den festen Willen, Ihre eigenen Pläne
durchzusetzen und Ihre Ziele konsequent zu
verfolgen und zu verwirklichen. Sie wollen die
Hindernisse und Widerstände bewältigen, denn Sie
haben den Ehrgeiz, sich durch hervorragende
Leistungen zur Geltung zu bringen. Sie wollen
selbst entscheiden und nicht vom Wohlwollen
anderer abhängig sein. Ihre Absicht verfolgen Sie
mit tatkräftiger Initiative und beharrlicher
Konsequenz.

WAAGERECHT

195

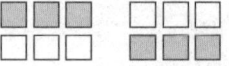

Rot   Rot   Rot

oben:
Anspruchs- und Erwartungshaltung

unten:
Verhalten im eigenen Kreis

Sie wollen die eigene Wirkung spüren und intensiv erleben. Dadurch verhalten Sie sich impulsiv, was andere als Provokation oder als Aggression empfinden können. Zugleich setzen Sie sich durch impulsive Handlungen Risiken aus und gefährden sich dadurch.

Rot Gelb Rot

oben:
Anspruchs- und Erwartungshaltung

unten:
Verhalten im eigenen Kreis

Ihre Unternehmenslust und Ihr Drang, immer
neue Begegnungen und Erlebnisse zu haben,
sind sehr stark. Die vielen Interessen und neuen
Kontaktbeziehungen können zur Zersplitterung
führen. Bei dem Wunsch, immer Neues und immer
mehr zu erleben, entsteht keine innere Bindung,
keine gemüthafte Verbundenheit und keine echte
Zufriedenheit.

WAAGERECHT

197

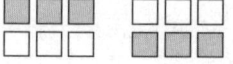

Rot Violett Rot

oben:
Anspruchs- und Erwartungshaltung

unten:
Verhalten im eigenen Kreis

Was Sie interessiert, ergreifen Sie voller Begeisterung und starkem persönlichem Engagement.
Sie erleben es als erregende oder erotisch faszinierende Ergriffenheit. Darum finden Sie, daß das,
was Sie tun, bedeutungsvoll und wichtig ist. Sie
möchten auch selbst als attraktive und durch
ausgewählte Besonderheiten beeindruckende
Persönlichkeit beachtet werden.
Sie verstehen es, die Wirkung auf andere mit
sensibler Geschicklichkeit so zu steuern,
daß Sie den anderen für sich gewinnen.

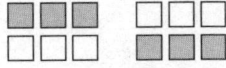
Rot Weiß Rot

oben:
Anspruchs- und Erwartungshaltung

unten:
Verhalten im eigenen Kreis

Sie wollen Vergangenes hinter sich lassen und sich
vom Druck dieser Belastungen befreien. Sie sind für
neue Ziele offen, die Sie aus Überzeugung voller
Begeisterung und innerem Engagement anpacken
wollen.

WAAGERECHT

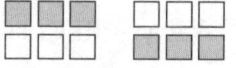

Rot Schwarz Rot

oben:
Anspruchs- und Erwartungshaltung

unten:
Verhalten im eigenen Kreis

Sie wollen Ihren anspruchsvollen Forderungen
unbedingt Geltung verschaffen. Die gestaute
Erregung kann sich leicht in provokativen
Äußerungen oder Aggressionen entladen oder
zu forcierten Handlungen führen.

WAAGERECHT

Gelb Blau Gelb

oben:
Anspruchs- und Erwartungshaltung

unten:
Verhalten im eigenen Kreis

Sie sind aufgeschlossen und voller Begeisterungsfähigkeit für eine gefühlvolle Partnerbeziehung
und für ästhetische Empfindungen.
Sie sind hilfsbereit. Sie sind auch fähig, sich anzu-
passen, damit die ersehnte liebevolle Beziehung
harmonisch ist. Sie erwarten aber auch vom
anderen Rücksichtnahme und verständnisvolles Entgegenkommen.

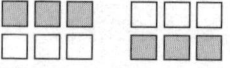

Gelb Grün Gelb

oben:
Anspruchs- und Erwartungshaltung

unten:
Verhalten im eigenen Kreis

Sie besitzen eine wache Aufmerksamkeit und sind
ein scharfer Beobachter mit einem kritischen Urteil.
Sie verstehen es, Nachteile zu vermeiden und
vorteilhafte Gelegenheiten auszunützen. Durch Ihr
kritisches Beobachten erfassen Sie eine Situation
rasch und haben ein kompetentes Urteil.

WAAGERECHT

202

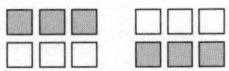

Gelb   Rot   Gelb

oben:
Anspruchs- und Erwartungshaltung

unten:
Verhalten im eigenen Kreis

Sie gehen der Zukunft mit Optimismus entgegen.
Sie haben eine vielseitige Aktivität und sind für
neue Kontakte und Beziehungen aufgeschlossen.
Sie wollen den Horizont der Interessen und die
eigene Wirkung erweitern, um mehr zu erleben.

WAAGERECHT

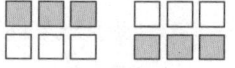

Gelb   Gelb   Gelb

oben:
Anspruchs- und Erwartungshaltung

unten:
Verhalten im eigenen Kreis

Sie finden, daß Ihre Ansicht und Überzeugung von
den anderen nicht angemessen respektiert wird.
Sie wollen sich von bedrückenden Behinderungen
und Konflikt-Spannungen befreien. Sie hoffen,
daß es einen Ausweg gäbe, der Ihnen die
erwünschte Erlebnis-Freiheit und Entfaltung
ermöglicht.

WAAGERECHT

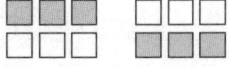

Gelb Violett Gelb

oben:
Anspruchs- und Erwartungshaltung

unten:
Verhalten im eigenen Kreis

Sie möchten der bedrückenden Isoliertheit
entfliehen. Sie sehnen sich danach, feinfühlig
verstanden zu werden und eine begeisterte
Anteilnahme zu finden. Von ästhetischen und
erotischen Eindrücken sind Sie stark angesprochen
(z. B. Kunst, Musik, Reisen). Sie begeistern sich
und auch andere durch Ihre charmante
Aufgeschlossenheit und Ihre erwartungsvollen
Hoffnungen.

WAAGERECHT

205

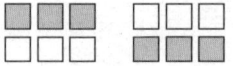

Gelb   Weiß   Gelb

oben:
Anspruchs- und Erwartungshaltung

unten:
Verhalten im eigenen Kreis

Sie wollen sich dringend von bedrückenden
Belastungen, von Behinderungen und der
beengenden Zwangssituation befreien. Sie suchen
einen Ausweg, um den aufreibenden Konflikten
und belastenden Problemen zu entfliehen.

WAAGERECHT

206

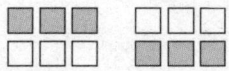
Gelb Schwarz Gelb

oben:
Anspruchs- und Erwartungshaltung

unten:
Verhalten im eigenen Kreis

Da Sie mit Ihrer eigenwilligen Absicht auf
Schwierigkeiten und Hindernisse gestoßen sind,
ist die innere Gespanntheit übermäßig stark,
wodurch rasch eine Reizbarkeit entsteht. Sie laufen
deshalb Gefahr, durch abrupte Entscheidungen und
überstürzte Handlungen einen zerstörerischen
Ausweg zu erzwingen.

WAAGERECHT

Violett Blau Violett

oben:
Anspruchs- und Erwartungshaltung

unten:
Verhalten im eigenen Kreis

Sie haben ein starkes Bedürfnis nach verständnisvoller, harmonischer Übereinstimmung und
anschmiegsamer Zärtlichkeit in vertrauensvoller
Verbundenheit. Das ist für Sie aber nur möglich,
wenn eine gegenseitige, feinfühlende Resonanz auf
gleicher Wellenlänge besteht. Sie können sich in
andere gut einfühlen und haben auch ein
ausgeprägtes ästhetisches Empfinden.

WAAGERECHT

208

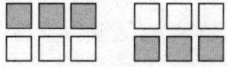

Violett   Grün   Violett

oben:
Anspruchs- und Erwartungshaltung

unten:
Verhalten im eigenen Kreis

Sie wollen als besondere Persönlichkeit beachtet
werden. Darum beobachten Sie, wie Sie auf andere
wirken. Sie wollen sich als Persönlichkeit
profilieren. Deshalb reizt Sie das Auserlesene und
Besondere, das einen attraktiven Eindruck macht.
Sie wollen kompetent sein und verteidigen Ihre
Interessen mit Umsicht und Gewandtheit.

WAAGERECHT

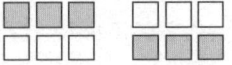

Violett   Rot   Violett

oben:
Anspruchs- und Erwartungshaltung

unten:
Verhalten im eigenen Kreis

Sie wollen als Persönlichkeit eine beeindruckende
und erotisch attraktive Wirkung ausüben. Deshalb
hat das Außergewöhnliche und die faszinierende
Besonderheit für Sie einen starken Reiz. Sie verstehen es, Ihren Einfluß mit sensibler Taktik so zu
dirigieren, daß Sie den beabsichtigten Erfolg am
besten erreichen.

WAAGERECHT

210

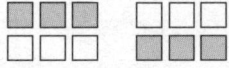

Violett Gelb Violett

oben:
Anspruchs- und Erwartungshaltung

unten:
Verhalten im eigenen Kreis

Sie haben voller Erwartungen ein starkes Bedürfnis
nach einer Partnerbeziehung, die eine sensible
Übereinstimmung auf gleicher Wellenlänge
ermöglicht und auch Ihrer gefühlvollen
Interessiertheit entspricht. Das ist im Zustand der
Verliebtheit erfüllt, doch ist es nicht leicht,
ästhetisch und erotisch reizvolle, aber nicht
belastende Beziehungen zu finden. Das Gefühl der
inneren Einsamkeit kann sich deshalb leicht
einstellen.

211

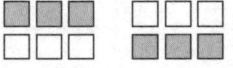

Violett Violett Violett

oben:
Anspruchs- und Erwartungshaltung

unten:
Verhalten im eigenen Kreis

Ihr Wunsch, feinfühlig verstanden zu werden und
eine gefühlvolle Übereinstimmung mit dem
Partner zu erleben, ist besonders stark. Sie möchten
sich der Faszination der erotischen Gefühle und
den ästhetischen Erlebnisreizen mit vorbehaltloser
Begeisterung hingeben können.

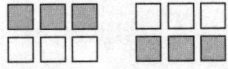

Violett Weiß Violett

oben:
Anspruchs- und Erwartungshaltung

unten:
Verhalten im eigenen Kreis

Sie brauchen dringend eine befreiende Entlastung
von aufreibenden Konflikten und schwer zu
ertragenden Zumutungen. Sie erwarten, daß Ihnen
mehr Mitgefühl und mehr Verständnisbereitschaft
entgegengebracht werden. Doch sehen Sie noch
nicht, ob und wie sich dieser Wunsch erfüllen wird.

WAAGERECHT

213

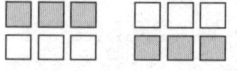

Violett   Schwarz   Violett

oben:
Anspruchs- und Erwartungshaltung

unten:
Verhalten im eigenen Kreis

Sie haben zwar den Wunsch nach einer innigen
Übereinstimmung und erotischen Verschmelzung,
doch wollen Sie erzwingen, daß sich der andere
Ihren Vorstellungen und Erwartungen unterwirft.

WAAGERECHT

214

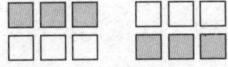

Weiß Blau Weiß

oben:
Anspruchs- und Erwartungshaltung

unten:
Verhalten im eigenen Kreis

Sie wollen sich von den schwer zu ertragenden
Belastungen abschirmen und sich von weiteren
Auseinandersetzungen befreien. Sie wollen jetzt
unbedingt in Ruhe gelassen werden, um von den
erschöpfenden Konflikten Abstand zu bekommen.
Sie brauchen äußeren und inneren Frieden, um die
dringend benötigte Ruhe und Entspannung
wiederzufinden.

WAAGERECHT

215

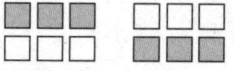
Weiß Grün Weiß

oben:
Anspruchs- und Erwartungshaltung

unten:
Verhalten im eigenen Kreis

Sie verteidigen Ihre Überzeugung mit strikter
Konsequenz. Sie distanzieren sich lieber, als daß Sie
Konzessionen machen. Dadurch isolieren Sie sich
und verhindern, daß eine gefühlvolle Vertrauensbeziehung entstehen kann.

WAAGERECHT

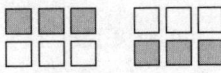

Weiß Rot Weiß

oben:
Anspruchs- und Erwartungshaltung

unten:
Verhalten im eigenen Kreis

Es geht Ihnen jetzt vor allem darum, sich von dem
Druck der Belastungen zu befreien; denn Sie
möchten nach freiem Ermessen das tun können,
was für Sie interessant und erlebenswert ist.

WAAGERECHT

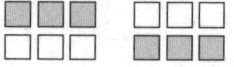

Weiß Gelb Weiß

oben:
Anspruchs- und Erwartungshaltung

unten:
Verhalten im eigenen Kreis

Sie haben das dringende Bedürfnis, sich von allem
Druck, von den Zumutungen und Konflikten zu
befreien. Es sollten aber die Konflikt-Ursachen
behoben werden, damit Ihr gegenwärtiger Wunsch,
ihnen zu entfliehen, nicht mehr nötig ist.

WAAGERECHT

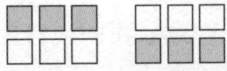

Weiß   Violett   Weiß

oben:
Anspruchs- und Erwartungshaltung

unten:
Verhalten im eigenen Kreis

Sie haben das dringende Bedürfnis, sich von
allem Druck, von den schwer zu ertragenden
Zumutungen und Konflikten zu befreien.
Sie sehnen sich nach einer zärtlich-einfühlsamen
Beziehung, die auf gleicher Wellenlänge
verständnisvoll sein soll, die Sie aber nicht belasten
darf.

219

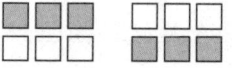

Weiß   Weiß   Weiß

oben:
Anspruchs- und Erwartungshaltung

unten:
Verhalten im eigenen Kreis

Sie haben das dringende Bedürfnis, sich von
allem Druck, von den schwer zu ertragenden
Zumutungen und Konflikten zu befreien.
Darum sollten unbedingt die Konflikt-Ursachen
behoben werden, damit eine Flucht ins Leere nicht
mehr nötig ist.

WAAGERECHT

220

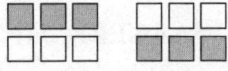
Weiß Schwarz Weiß

oben:
Anspruchs- und Erwartungshaltung

unten:
Verhalten im eigenen Kreis

Ihr Anspruch auf Geltung und Respekt ist eigenwillig und konzessionslos. Dadurch werden Sie
rasch ungeduldig und treffen abrupte, zu wenig
bedachte Entscheidungen.

WAAGERECHT

221

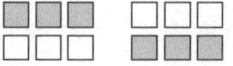

Schwarz Blau Schwarz

oben:
Anspruchs- und Erwartungshaltung

unten:
Verhalten im eigenen Kreis

Sie wollen erzwingen, daß Ihre anspruchsvollen Wünsche erfüllt werden. Durch den
konzessionslosen Eigenwillen erzeugen Sie
Konflikte. Es quält Sie, daß Sie auf Widerstand
stoßen und daß Ihre Ansprüche nicht befriedigt
werden. Das empfinden Sie als aufreibende
Zumutung und als eine schwer zu ertragende
Belastung. Sie möchten von weiteren
Auseinandersetzungen unbedingt verschont
bleiben, um die dringend benötigte Ruhe und
Entspannung zu finden.

WAAGERECHT

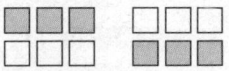

Schwarz Grün Schwarz

oben:
Anspruchs- und Erwartungshaltung

unten:
Verhalten im eigenen Kreis

Sie wollen Ihre eigenwillige Meinung und Absicht
unbedingt durchsetzen und sich damit Geltung
verschaffen. Sie widersetzen sich allen Einflüssen
und wollen erzwingen, daß Sie respektiert werden,
was als anmaßend empfunden werden kann.
Sie halten mit trotziger Hartnäckigkeit an Ihrem
Standpunkt fest und verteidigen ihn gegen alle
Widerstände.

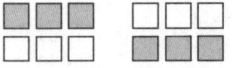

Schwarz Rot Schwarz

oben:
Anspruchs- und Erwartungshaltung

unten:
Verhalten im eigenen Kreis

Sie wollen Ihre Ansprüche und leidenschaftlichen
Wünsche unbedingt durchsetzen, um Ihre Wirkung
zu erleben und Ihren Erfolg zu sehen. Dadurch
kann es zu rücksichtslos oder aggressiv wirkenden
Handlungen und zu voreiligen Entscheidungen
kommen.

WAAGERECHT

224

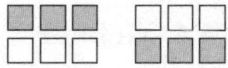

Schwarz   Gelb   Schwarz

oben:
Anspruchs- und Erwartungshaltung

unten:
Verhalten im eigenen Kreis

Durch die innere Gespanntheit sind Sie ungeduldig
und möchten einen befreienden Ausweg aus der
behindernden Situation erzwingen. Sie laufen
Gefahr, der Situation dadurch entfliehen zu wollen,
daß Sie abrupte Entscheidungen treffen oder überstürzte Handlungen und zerstörerische Kurzschluß-
reaktionen begehen.

WAAGERECHT

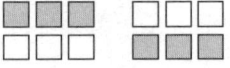

Schwarz Violett Schwarz

oben:
Anspruchs- und Erwartungshaltung

unten:
Verhalten im eigenen Kreis

Sie haben den eigenwilligen Anspruch, daß sich der andere so verhalten muß, wie Sie es erwarten.
Sie haben zwar den Wunsch nach einer innigen Übereinstimmung und erotischen Verschmelzung, doch wollen Sie erzwingen, daß sich der andere Ihren Vorstellungen und Erwartungen unterwirft.

WAAGERECHT

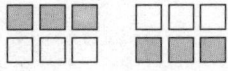
Schwarz   Weiß   Schwarz

oben:
Anspruchs- und Erwartungshaltung

unten:
Verhalten im eigenen Kreis

Sie haben den eigenwilligen Anspruch auf Geltung
und wollen sich unbedingt Respekt verschaffen.
Deshalb stauen Sie die gemütvollen und herzlichen
Gefühle der Zuneigung und werden intolerant.
Wenn Sie rasch ungeduldig werden, laufen Sie
Gefahr, abrupte, zu wenig bedachte Entschei-
dungen zu treffen, statt den befreienden Ausweg
zu finden, den Sie in Wirklichkeit suchen.

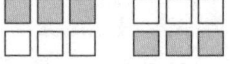

Schwarz   Schwarz   Schwarz

oben:
Anspruchs- und Erwartungshaltung

unten:
Verhalten im eigenen Kreis

Sie haben einen eigensinnigen Anspruch auf
Geltung und wollen sich unbedingt Respekt
verschaffen. Deswegen verschließen Sie sich und
stauen die gemütvollen und herzlichen Gefühle
der Zuneigung. Dadurch wirken Sie hart und
intolerant. Aus Unzufriedenheit werden Sie rasch
ungeduldig, stoßen andere vor den Kopf und
treffen unbedachte Entscheidungen.

WAAGERECHT

5 Eine Farbe ZUVIEL und eine ZUWENIG

Eine Farbe erscheint **DREIMAL** (oder mehr)

und eine Grundfarbe (1, 2, 3, 4) **FEHLT**

Wodurch Sie Konflikte haben

Ein gefälliger Nutz-Genießer (Katze)

Sie fühlen sich in den Ansprüchen und der persönlichen Beachtung nicht angemessen respektiert.
Sie empfinden die Situation als Druck und Behinderung des freien Willens. Deshalb erwarten Sie verwöhnende Zuwendung.
Aber Sie weichen einer Entscheidung aus und ziehen eine konziliante Kompromißbereitschaft vor, um die benötigte Ruhe zu haben und die Vorteile nutzen zu können.

Empfehlung: Vielseitige und offene Beziehungen

Wodurch Sie Konflikte haben

Ein erschöpfter Resignierter (Schnecke)

Durch bestimmte Umstände fühlen Sie sich überfordert und in Ihrem Selbstvertrauen geschwächt. Sie finden, daß Ihre Anstrengungen keinen angemessenen Erfolg haben. Dadurch sind Sie rasch ermüdet und erschöpft oder deprimiert und resigniert. Sie benötigen eine konfliktlose, beruhigende und erholsame Behaglichkeit in harmonischer Verbundenheit.

Empfehlung: Mehr Distanzierung und selbstbewußte Eigenständigkeit.

231

Wodurch Sie Konflikte haben

Ein fürsorglicher Geborgenheit-Sucher (Bernhardiner)

Sie haben Angst, die Sicherheit einer festen Bindung
entbehren zu müssen.
Sie sind mit großer Umsicht darum besorgt, daß
konflikthafte Auseinandersetzungen vermieden
werden. Es ist Ihnen nur wohl, wenn die Beziehungen zu allen Ihnen nahestehenden Menschen
friedlich sind. Vor allem brauchen Sie die Sicherheit,
daß zum Partner eine zuverlässige Bindung
besteht und daß eine vertrauensvolle Zusammengehörigkeit gewährleistet ist. Durch Ihre
Anhänglichkeit oder Fürsorglichkeit wollen Sie die
Bindung so festigen, daß sie Ihr Bedürfnis nach
Geborgenheit befriedigt. Doch sollten Sie nieman-
dem so weit entgegenkommen oder Kompromisse
schließen, daß Sie dadurch benachteiligt oder
ausgenützt werden.

Empfehlung: Mehr innere Unabhängigkeit und
selbstbewußte Selbständigkeit.

Wodurch Sie Konflikte haben

Ein intoleranter, trotziger Einzelgänger (Skorpion)

Sie verteidigen und schützen sich und wollen als besondere Persönlichkeit respektiert werden.
Sie wollen sich behaupten und selbst bestimmen können. Ihr Urteil kann intolerant oder hart und eigenwillig sein. Dadurch entfremden Sie sich den Beziehungen. Sie selbst können überempfindlich, ungeduldig und trotzig abweisend sein.

Empfehlung: Bemühen Sie sich um vielseitige und offene Beziehungen.

Wodurch Sie Konflikte haben

Sich überfordernde Selbstbehauptung (Rüstung)

Die bedrückenden Schwierigkeiten überfordern Sie.
Deshalb sind Sie kritisch-vorsichtig, überempfindlich, leicht verletzbar und rasch gekränkt.
Sie wollen sich aber gegen die widrige Situation
behaupten. Sie schützen und verteidigen sich
durch Argumentieren. Sie wollen der Situation
durch Überlegenheit gewachsen sein und als
kompetent respektiert werden. Sie bemühen sich,
die angespannte Belastung auszuhalten und
Überreizung unter Kontrolle zu haben und nicht
zum Ausbruch kommen zu lassen.

Empfehlung: Mehr Aufnahme- und
Hingabebereitschaft.

Wodurch Sie Konflikte haben

Ein Respekt-Forderer (Schwan)

Sie finden, Sie müßten sich unbedingt bewähren, um von anderen akzeptiert und respektiert zu werden. Die Sorge, keine wohlwollende Anerkennung zu finden, erzeugt in Ihnen eine heimliche Unsicherheit. Darum wollen Sie sich durch Richtigkeit, Zuverlässigkeit und Perfektion bewähren. Sie wollen überlegen sein, um als kompetent respektiert zu werden.

Empfehlung: Öffnen Sie sich für eine vertrauensvolle Verbundenheit und emotionale Kommunikation.

235

Wodurch Sie Konflikte haben

Ein ungeduldig Begehrender (Stier)

Sie wollen eine starke Wirkung erzielen und mit Erfolgen imponieren. Sie wollen die Intensität der vitalen Aktivität spüren. Darum sind Sie mit der bestehenden Situation und dem Erreichten nicht zufrieden. Sie wollen mehr. Der Erlebnis- und Erfolgshunger verhindert eine ruhige Zufriedenheit und beständige Verbundenheit. Daher sind Sie ruhelos, ungeduldig und leicht erregbar. Sie können deshalb auch aggressiv oder provozierend sein.

Empfehlung: Mehr Distanzierung und selbstbewußte Eigenständigkeit.

Wodurch Sie Konflikte haben

Ein Bestätigung Begehrender (Gänserich)

Sie wollen die Wirkung und den Erfolg Ihrer eigenen Aktivität erleben. Sie fühlen sich aber unter den gegebenen Verhältnissen in Ihren Ansprüchen behindert und bekommen nicht die Anerkennung, die Sie als angemessen erwarten. Sie wollen den Hindernissen ausweichen, um nach freiem Belieben leben und erleben zu können und um Bestätigungen zu finden.

Empfehlung: Mehr Aufnahme- und Hingabebereitschaft.

Wodurch Sie Konflikte haben

Ein besorgter Streber (Ameise)

Sie geben sich alle Mühe, einen wirksamen Erfolg zu erzielen. Sie sind darum besorgt, sicherzugehen und Risiken zu vermeiden. Mit Achtsamkeit und Eifer streben Sie danach, Ihr Ziel sicher zu erreichen.

Empfehlung: Üben Sie verständnisvolle Geduld gegenüber den anderen und gewöhnen Sie sich ab, enttäuscht zu sein, wenn es nicht gleich nach Ihren Wünschen geht.

Wodurch Sie Konflikte haben

Ein ruheloser Paradies-Sucher (Schmetterling)

Sie haben eine Partnerschaft oder ein anderes persönliches Engagement erlebt, das zu keiner erfüllenden Zufriedenheit geführt hat. Weil die vertrauensvolle Zufriedenheit gefehlt hat, haben Sie sich in dieser Beziehung innerlich entfremdet. Sie möchten dem unbefriedigenden Zustand entfliehen und leichter erträgliche Verhältnisse finden. Deshalb suchen Sie ruhelos und ungeduldig nach neuen, besseren Verhältnissen oder Beziehungen, die eine befriedigende Lebenssituation ermöglichen. Sie erwarten, daß sich in Zukunft neue Möglichkeiten bieten, die Ihren Wunschvorstellungen besser entsprechen.

Empfehlung: Statt falsche und enttäuschende Erwartungen zu haben, sollten Sie sich mit Geduld bemühen, eine verständnisvolle Vertrauensbeziehung zu schaffen.

Wodurch Sie Konflikte haben

Ein ausbrechender Illusionist (Zugvogel)

Sie entbehren die Anerkennung, die Sie als angemessen erwarten. Weil Sie finden, daß die bestehenden Verhältnisse die eigenen Ansprüche behindern, wollen Sie dem Druck dieser Situation und den Hindernissen ausweichen und den Problemen entfliehen. Sie möchten nach freiem Belieben leben können. Sie erwarten, daß sich in Zukunft neue, bessere Möglichkeiten bieten werden.

Empfehlung: Distanzieren Sie sich nicht, sondern bemühen Sie sich um eine vertrauensvolle Kommunikation mit anderen.

Wodurch Sie Konflikte haben

Ein gequälter Konflikt-Flüchter (Vogel Strauß)

Sie finden, daß Ihre Bemühungen und Anstrengungen nicht den erwarteten Erfolg bringen.
Das ärgert und kränkt Sie, denn es ist für Sie eine schwer erträgliche Zumutung. Am liebsten würden Sie diesen aufreibenden Belastungen und Problemen entfliehen. Sie hoffen aber, einen befreienden Ausweg und in Zukunft neue, bessere Möglichkeiten zu finden.

Empfehlung: Nehmen Sie Distanz und vermeiden Sie es, falsche Erwartungen zu haben.

241

Wodurch Sie Konflikte haben

Ihr Wunsch nach harmonischer Übereinstimmung und ruhiger Zufriedenheit ist noch nicht erfüllt. Dadurch sind Sie ruhelos und werden rasch ungeduldig. Um so größer ist jetzt Ihr Bedürfnis nach einer Beziehung auf gleicher Wellenlänge, in der Sie eine feinfühlige Resonanz und reizvolle Faszination erleben können.

Wodurch Sie Konflikte haben

Es fehlt an der respektvollen Anerkennung und bejahenden Bestätigung, die Sie als Ihnen angemessen erwarten. Deshalb ist Ihr Bedürfnis nach solchen Beziehungen um so größer, in denen Sie eine feinfühlige Resonanz und reizvolle Faszination erleben können.

243

Wodurch Sie Konflikte haben

Die bestehenden Umstände fordern zuviel von Ihnen ab und können als ärgerliche Zumutung empfunden werden. Darum ist Ihr Bedürfnis nach solchen Beziehungen um so größer, in denen Sie eine feinfühlige Resonanz und reizvolle Faszination erleben können.

Wodurch Sie Konflikte haben

Sie machen sich Sorgen und befürchten, das zu
verlieren, was Ihnen lieb und wichtig ist. Darum
haben Sie ein starkes Bedürfnis, daß Sie in der
Beziehung zu dem Ihnen nahestehenden Menschen
eine feinfühlige Resonanz und reizvolle Faszination
erleben können.

6 Zwei Grundfarben FEHLEN

1 und 2 oder
1 und 3 oder
1 und 4 oder
2 und 3 oder
2 und 4 oder
3 und 4
FEHLEN

Ihre eigentlichen Beweggründe

Sie möchten aus der beengenden Situation, die Sie
als unbefriedigend und als Druck empfinden,
ausbrechen. Daß Ihre zum Teil eigenwilligen
Ansprüche behindert werden, sehen Sie als Mangel
an verständnisvollem Respekt und an Großzügig-
keit. Sie wollen aber nicht zu kurz kommen
und mit voller Intensität leben. Bei der ruhelosen
Betriebsamkeit können Sie kaum abschalten
und laufen Gefahr, sich zu verausgaben.

Ihre eigentlichen Beweggründe

Weil die aufgewendete Mühe nicht die begehrte
Wirkung und keinen befriedigenden Erfolg hat,
finden Sie die Situation ärgerlich und »zum
Davonlaufen«.

249

Ihre eigentlichen Beweggründe

Sie möchten sich von den Sorgen und Enttäuschungen nicht unterkriegen lassen, obwohl die
lieblose Leere ein Gefühl der inneren Einsamkeit und Verlassenheit erzeugt. Sie beobachten
die Verhältnisse mit besorgter Wachsamkeit.
Darum ist Ihnen Zuverlässigkeit besonders
wichtig.

250

Ihre eigentlichen Beweggründe

Die aufgewendete Mühe hat zu keinem befriedigenden Erfolg geführt. Ihr Bestreben ist auf
Widerstände gestoßen. Ihr Autoritätsanspruch
hat Ihnen Konflikte und aufreibenden Ärger
eingebracht.

Ihre eigentlichen Beweggründe

Unter diesen Umständen fühlen Sie sich lieblos ausgenützt und in Ihren Erwartungen betrogen. Sie machen sich Sorgen, ob die künftige Entwicklung günstig sei. Sie möchten sich befreien, um sich von den demütigenden Enttäuschungen unabhängig zu machen. Solange Sie aber Ihre Erwartungen und Ansprüche nicht aufgeben, bleiben Sie in der Sackgasse gefangen.

Ihre eigentlichen Beweggründe

Daß die Erwartungen enttäuscht wurden und
die erstrebte Absicht zu mißlingen scheint,
bereitet Ihnen Sorgen und Ärger. Darum legen
Sie großen Wert auf Vertrauenswürdigkeit und
Zuverlässigkeit.

253

Die psychologische Bedeutung der Farben

Wer könnte mit Worten eine Melodie beschreiben, wer vermag in Worte zu fassen, was das Mienenspiel der Augen offenbart? Wie hilflos sind Begriffe, wenn wir Gefühle, die wir stark und deutlich erleben, mit Worten ausdrücken wollten.

Farben wie Rot und Braun empfinden wir als stark unterschiedlich. Trotzdem bezeichnen wir die Wirkung von beiden einfach als »warm«. Wie eindrucksvoll armselig sind die beiden Begriffe des Tastsinnes »warm« und »kalt« für die tausendfältigen Farbempfindungen.

Daß aber alle Menschen die feinsten Farbunterschiede mit größter Genauigkeit wahrnehmen beweist, wie erstaunlich objektiv die Sinnesempfindung jeder Farbe von jedermann erfaßt wird. Jeder, der eine Farbe wahrnimmt, hat dieselbe Sinnesempfindung und empfindet dieselbe Erlebnisqualität. Darum ist die Farbempfindung eine allgemeinverständliche Empfindungssprache ohne Worte: eine visuelle Sprache.

Farben haben nicht nur ein bestimmtes Aussehen (z. B. rot oder blau), sondern auch eine bestimmte und allgemeingültige Erlebnisqualität, genau wie auch warm und kalt oder rund und eckig. Die bestimmte Erlebnisqualität einer Farbe ist ihre objektive Bedeutung. Rot beispielsweise bedeutet für alle Menschen Erregung. Die Farbempfindung ist für alle Menschen in allen Kulturen genau dieselbe. Die Sinnesempfindung von reinem Rot erzeugt bei jedem einen stimulierenden Reiz. Sie wirkt immer erregend.

Diese allgemeingültig gleichartige Empfindung bewertet aber jeder auf seine persönliche Weise. Entweder er bejaht die erregende Empfindung, weil sie ihn anregt, oder aber lehnt sie ab, weil sie ihn aufregt. Die für alle gleichartige objektive Empfindung der Farbe wird durch das persönliche subjektive Gefühl unterschiedlich als sympathisch, als indifferent oder als unsympathisch bewertet.

Je nachdem, in welchem Gefühlszustand sich ein Mensch befindet, bejaht, ignoriert oder verneint er eine bestimmte Sinnesempfindung, zum Beispiel eine Farbe. Eine Farbe, die er schön findet, ist eine Sinnesempfindung, die von ihm bejaht wird. Diese Farbe entspricht seinem Gefühlszustand. Durch die im Lüscher-Test gewählten oder abgelehnten Farben wird das eigentliche, psychische und körperliche Befinden direkt anschaubar. Diese Farbwahlen werden unbewußt gesteuert. Darum messen sie den Menschen, wie er wirklich ist, und nicht – wie bei der direkten Befragung und psychoanalytischen Reden oder bei Fragebogen –, wofür er sich hält.

In der Vielzahl der Farben vermag sich die Vielfalt der Gefühle widerzuspiegeln. Farbe ist dadurch – ähnlich wie Musik – eine hochdifferenzierte Sprache der Gefühle. Daher sind Farben visualisierte Gefühle.

Wer verstehen möchte, warum die Lüscher-Farben diese bestimmten Bedeutungen haben und wer das Regulations-System der Psyche kennenlernen möchte, das diese wörtlich genauen Einsichten ermöglicht, kann das Hauptwerk des Autors lesen:

»Das Harmoniegesetz in uns. Ein neuer Weg zu innerem Gleichgewicht und sinnerfülltem Leben.« (ECON Verlag).

Lüscher-Blau 1

Das dunkle Blau 1 bewirkt von allen Farbempfindungen die tiefste Beruhigung. Experimente haben bewiesen, daß bei längerem Betrachten von Dunkelblau die Atmung langsamer wird, Puls und Blutdruck sinken. Die physiologisch-objektive, allgemeingültige Bedeutung von Dunkelblau ist die Ruhe.

W. Kandinsky hat recht, wenn er Blau als »konzentrische Bewegung« versteht.

Das dunkle Blau bewirkt eine entspannte Ruhe und Zufriedenheit. Es vermittelt das Gefühl der Befriedigung und unendlichen Harmonie, der Einordnung, der Verbundenheit und Geborgenheit. Darum ist der Mantel der Gottesmutter Maria blau.

Blau entspricht dem Selbstgefühl der Zufriedenheit und Selbstbescheidung.

Im Zustand der inneren Ruhe und absichtslosen Zuwendung ist man besonders empfindsam und feinfühlig. Der Gefühlszustand von Blau ist daher eine Voraussetzung für die subtile Einfühlung und das ästhetische Erleben. Kant hat es als »interesseloses Wohlgefallen« beschrieben.

Schelling (1775 – 1854) beschreibt in seiner »Philosophie der Kunst« lauter Blau-Symbole, wenn er sagt:

»Die Stille ist der der Schönheit eigentümliche Zustand, wie die Ruhe dem ungestörten Meere.«
Blau ist Symbolfarbe für die Dauer und zeitlose Ewigkeit. Blau ist daher die Farbe der Tradition und der Bindung (»Blau ist die Treue«).
Die Art der Bindung und das Gefühl der Zugehörigkeit äußern sich in der Wahl der Blau-Töne.
Novalis hat in seinem Roman »Heinrich von Ofterdingen« die romantische Lebenshaltung im Symbol der blauen Blume ausgedrückt: »Der Himmel war schwarz-blau und völlig rein. Was ihn (Heinrich) mit voller Macht anzog, war eine hohe, lichtblaue Blume, die zunächst an der Quelle stand und ihn mit ihren breiten, glänzenden Blättern berührte. Er sah nichts als die blaue Blume und betrachtete sie lange mit unnennbarer Zärtlichkeit.« Ähnlich Hölderlin in seinem Roman »Hyperion«: »Der junge Held erlebt im Blau des Äthers die Einheit mit dem All als ewige Ruhe: ›Verloren ins weite Blau, blick ich oft hinauf in den Äther. Eines zu sein mit allem, was lebt, in seliger Selbstvergessenheit wiederzukehren, ins All der Natur, das ist der Ort der ewigen Ruhe.‹«
Eines der bekanntesten Gedichte Goethes entspricht dem Blau vollkommen:

> »Über allen Gipfeln ist Ruh,
> In allen Wipfeln spürest du
> kaum einen Hauch;
> Die Vögelein schweigen im Walde.
> Warte nur, bald ruhest du auch.«

Lüscher-Grün 2

Das Lüscher-Grün 2, weil es eher dunkel und bläulich ist wie Tannengrün, wirkt stabil, fest, beharrend und konstant. Grün besitzt keine nach außen wirkende expansive Energie wie Orangerot, sondern eine in sich gestaute, spannungsvolle Energie. Die gestaute Energie ruht aber nicht, sondern ist ein inneres konzentrisches Spannungsgefüge. Es erscheint nach außen statisch. Wie bei jeder anderen Grundfarbe variiert auch bei Grün die Bedeutung der Farbe, wenn sich der Farbton ändert. Je mehr verdunkelndes Blau dem Grün zugefügt wird, desto fester, »kälter«, gespannter, härter und widerstandskräftiger ist die psychische Wirkung der Farbe. Ähnlich wie die Moleküle in einem festen Körper ein Spannungsgefüge bilden, das man von außen nicht sieht, so bilden auch in jedem Menschen die selbstbezogenen Gefühle ein Spannungsgefüge. Es ist die Einstellung des Menschen zu sich selbst. Sie bildet sein »Ich«, sein »Selbstwertgefühl«.

Grün wirkt stabil und konstant. Es repräsentiert damit die festen, also geltenden Werte. Grün 2, das eher dunkel und bläulich ist, entspricht einem Menschen, der den inneren und äußeren Anfechtungen trotzt, der zu seiner Überzeugung steht und daher eine stabile Selbstachtung besitzt. Für ihn gilt der Leitsatz »noblesse oblige« oder »Tue recht und scheue niemand«. Grün 2 repräsentiert die Stabilität der Überzeugung und Selbstachtung, der echten Anerkennung und moralischen Geltung. Geltung, als Ansehen und Würde, als Kompetenz und Autorität, als Eigentum und als dominiertes Revier, ist die psychologische Bedeutung von Grün 2.

Wo die innere Stabilität des Grün und damit die Integrität, Würde und Selbstachtung fehlen, werden sie mit dem äußeren Schein, mit dem Gehabe der Würde, mit materieller oder geistiger Protzerei vorgespielt. Prestige wird zur Pose. Der Geltungsbedürftige bedient sich der Statussymbole, um den Anschein von Geltung vorzutäuschen. Er setzt sich ins Rampenlicht; er richtet die Scheinwerfer auf sich; er mimt Stabilität, Größe, Würde und Prestige. (Siehe Lüscher: »Signale der Persönlichkeit.«)

Lüscher-Rot 3

Das Gelbrot 3 erzeugt von allen Farbempfindungen die stärkste erregende Wirkung. Bei längerem Betrachten von Gelbrot wird die Atmung rascher, Puls und Blutdruck steigen.

Die Sinnesempfindung der Farbe Rot in ihrer physiologischen, allgemeingültigen Bedeutung ist Erregung. Seine psychologische Bedeutung ist die Aktivität. Es ist die Reaktion auf einen Reiz und auf irgendeine Herausforderung.

Wird die erregende Sinnesempfindung des Rot als lustvoll bejaht, gilt Rot als kraftvolle Stärke. Wer Rot bevorzugt, empfindet es als stimulierend, aktivierend, als Erobern und expansives Begehren. Rot ist Appetit in all seinen Erscheinungsformen, von der brünstigen Liebe bis zur gierigen Bemächtigung. Die Aktivität des Rot ist zielstrebige Energie (En-ergeia), als körperliche Aktivität im Bereich des Sex oder des Sports, als seelische Aktivität, als glühende Begeisterung (die Flammen des Pfingstgeistes auf den Häuptern der Erleuchteten) und als Liebe in der Form der Werbung und Eroberung. Rot ist Ausdruck der aktiven Macht: der Eroberung. Rot entspricht dem Vertrauen in die eigene Stärke, dem Selbstvertrauen.

Wir müssen grundsätzlich unterscheiden, daß jede Sinnesempfindung – ob Erregung (Rot) oder Ruhe (Dunkelblau) – stets mit wenigstens zwei Gefühlseinstellungen erlebt werden kann, nämlich als Zuneigung und Lust oder als Abneigung und Unlust. Hat aber jemand eine Abneigung gegen Rot und bereitet es ihm Unlust, dann erlebt er Rot als aufregend, quälend, dann wird es als Bedrohung empfunden; dann bewirkt Rot Überreizung, Ärger und Ekelgefühl. Das ist das Gegenteil des Appetits. So wird der Kinderreim verständlich, der die erregende Sinnesempfindung des Rot mit gegensätzlichen Gefühlen beschreibt:

> Rot ist die Liebe, rot ist das Blut,
> rot ist der Teufel in seiner Wut.

»Rot« ist, wie jeder andere allgemeine Farbname, so umfassend und so ungenau wie zum Beispiel die Bezeichnung »klassische Musik«, die sowohl für das Largo von Händel als auch für Ravels Bolero gilt. Ob das Rot rein, gelblich, bläulich oder bräunlich ist, verändert seine psychologische Bedeutung bis ins Gegenteil. Je mehr das Rot zum Braun wird, desto mehr wird die »Erregung« zur »Beruhigung«. Mit bläulichen Rottönen läßt sich eine ähnliche Stabilität, Kontrolliertheit und Festigkeit wiedergeben, wie sie das reine Grün vermittelt. Wird dem reinen Rot hingegen Gelb beigefügt, ist die Wirkung dieses Orangerots »aufreizend«.

Lüscher-Gelb 4

Das reine Gelb 4 ist die hellste bunte Farbe. Die Farbe Gelb erscheint ähnlich wie die Sonne hell und leuchtend. Es wirkt leicht, strahlend, anregend.

Bei Gelb wird das Licht, das auf eine Oberfläche trifft, am stärksten reflektiert. Darum wirken gelbes Licht und die gelbe Farbe, als ob sie über die Oberfläche gleiten. Dem Gelb geht die verinnerlichte und geheimnisvolle Tiefe der dunklen Farben ab. Die Oberflächenhaftigkeit ist für Gelb in vieler Hinsicht charakteristisch. Gelb entspricht dem Gefühl der freien Entfaltung. Darum wird Gelb 4 von Menschen bevorzugt, die zur Selbstentfaltung veränderte, freie Verhältnisse suchen (Fernweh, weite Reisen, Fliegen). Gelb bedeutet Lösung, als Los-Lösung, als Veränderung und Entfaltung, als Befreiung, als räumliche Weite. Es äußert sich als Suchen nach Neuem.

Gelb 4 ist somit Gegensatz zum Grün 2, das Stabilität, Festigkeit, räumliche Enge und Beharrung ausdrückt. Weil Gelb das Gefühl der Veränderung und Entfaltung, der Befreiung und Erleichterung vermittelt, gilt es auch als Farbe der Erleuchtung und Erlösung. Sinngemäß ist die Aureole um das Haupt des Erlösers Christus gelb.

Goethes »Musensohn« fühlt sich offenbar in einer
unbekümmert heiteren, also gelben Stimmung.

> »Durch Feld und Wald zu schweifen
> Mein Liedchen wegzupfeifen,
> So geht's von Ort zu Ort!
> Und nach dem Takte reget,
> Und nach dem Maß beweget
> Sich alles an mir fort.«

Lüscher-Violett 5

Violett entsteht durch Mischung von Rot und Blau. Rot ist der Impuls zu erobern und zu erleben. Seine Befriedigung erfüllt sich im Blau. Rot will durch Kämpfen und Erobern zur Übereinstimmung und Einheit gelangen. Blau hingegen will durch friedliche Hingabe die Übereinstimmung und Einheit erreichen. Beide Wege, der über Rot und der über Blau, haben die Übereinstimmung, die Verschmelzung zum Ziel. Beide Farben, Rot und Blau, überschreiten dabei ihre Grenzen und gehen eine Verwandlung ein. Violett bedeutet daher: grenzüberschreitende Verwandlung. Der rote Weg ist der autonome, der autoritäre, patriarchalische. Der blaue Weg ist der rezeptive, heteronome der Anpassung oder mütterlichen Hingabe. »Männliches« Rot und »weibliches« Blau mischen sich zum geschlechtslosen Violett. Kinder vor der Pubertät bevorzugen auf der ganzen Welt zu wenigstens 75 Prozent Violettrot. Debile, »kindische« Kinder sogar zu 85 Prozent

Ebenso wie die Kinder bevorzugt auch die soziale Unterschicht Violett signifikant häufiger. Dadurch wird deren suggestible Faszinationsbereitschaft und Verführbarkeit bestätigt. Umgekehrt lehnt die soziale

Oberschicht Violett ab und dokumentiert damit ihre Differenzierung und kritische Distanzierung.

Homosexuelle – in Frankreich »les violets« genannt – und Frauen während der Schwangerschaft wählen statistisch signifikant lieber Violett.

Violett, die Farbe aus Rot und Blau, überschreitet die Grenze vom eigenen vertrauten Bereich in einen geheimnisvollen unvertrauten. Es sehnt sich nach dem anderen. Darum bedeutet Violett Verwandlung, Grenzüberschreitung und Transzendenz in eine andere Welt, wo emotionale Werte gelten.

Violett ist die Verschmelzung und Vereinigung der Gegensätze, die »coincidentia oppositorum«, und daher auch die Farbe der Mystik, die Farbe der Magie, des Zaubers und des erotischen Charmes.

Violett (Magenta) repräsentiert neugierige Interessiertheit und Faszination. Es bewirkt die »participation mystique«, die magische Verwandlung, die Suggestibilität und Identifikation, die Lévy-Bruhl bei primitiven Stammesreligionen gefunden hat. Das oszillierende Hin und Her zwischen Rot und Blau, zwischen impulsivem Wollen und behutsamer Empfindsamkeit heißt Sensibilität. Darum äußert sich die Bedeutung des Violetts als neugierige Interessiertheit, sensible Faszination und Erotik.

Weiß 6

Weiß ist die hellste aller Farben. Der Erregungsreiz ist so stark, daß Weiß als blendend empfunden werden kann.

Die extrem gegensätzlichen, unbunten Farben Schwarz und Weiß spiegeln die Extremwerte der Verneinung (Schwarz) und Bejahung (Weiß) wider, daher das »Schwarz-Weiß-Urteil«. Die Entscheidung über »fight or flight«, über aggressive Vernichtung (Schwarz) oder Flucht in die Weite (Weiß), fällt nicht im Großhirn, sondern im phylogenetisch früher angelegten limbischen System des Riechhirns (Rhinencephalon).

Schwarz und Weiß wird bei krisenhafter Zuspitzung eines Konfliktes, besonders im Pubertätsalter, als Farbkombination bevorzugt. Unter einem solchen Konfliktdruck bedeutet die Wahl von Weiß »Flucht in die Weite« und zeigt den Drang, sich zu befreien. Weiß bedeutet aber auch sonst in allen Fällen: Freiheit, sowohl die Freiheit von allem Behindernden als auch die Freiheit für alle Möglichkeiten. Weiß ist somit »Tabula rasa«, der reine Tisch, die Bereinigung für einen neuen Anfang.

Darum ist Weiß dann die Farbe des leiblichen Todes,

wenn er als Anfang einer neuen Verkörperung oder als Eintritt ins Nirwana verstanden wird.

Weiß ist auch Freiheit von moralischem Makel, daher Symbolfarbe sowohl der Reinheit (Brautkleid) und Sauberkeit (Waschmittelwerbung) als auch der Wahrheit (das Weißbuch) und der Unschuld (zum Beispiel nach katholischer Liturgie ist Weiß die Farbe der Heiligen, der Sakramenterteilung und der feierlichen Weihen). Als Ausdruck von Unschuld und Aufrichtigkeit ist auch die weiße Flagge zu verstehen, die im Krieg als Zeichen der Kapitulation und Übergabe gilt. Nach der liturgischen Anordnung von Papst Pius V. für die abendländische katholische Kirche ist Weiß die Farbe für Gottvater und für Christus, der sich »das Licht der Welt« nannte.

Schwarz 7

Schwarz ist die dunkelste aller Farben. (Auch Schwarz und Weiß sind Farben. Zwar »unbunte« Farben, aber selbstverständlich Farben; sogar die Urfarben, wie die Anthropologen B. Berlin und P. Kay von der Universität Berkeley in Kalifornien 1969 nachgewiesen haben. Sie untersuchten alle 98 ihnen zugänglichen Sprachen und fanden, daß selbst bei der primitivsten für Weiß und Schwarz Begriffe bestehen. Sprachen, die noch einen dritten Farbnamen kennen, bezeichnen dabei immer Rot. Differenziertere Sprachen unterscheiden – an vierter und fünfter Stelle – wechselweise Grün und Gelb. An sechster Stelle folgt immer Blau, an siebter Braun, an achter wechselweise Purpur, Rosa, Orange oder Grau.)

Den unbunten Farben Schwarz und Weiß ist gemeinsam, daß beide ein Maximum darstellen, Schwarz an Dunkelheit, Weiß an Helligkeit.

Bei Schwarz ist alles Licht aufgehoben und damit auch jede Möglichkeit, daß etwas gegenständlich, also positiv, erscheine.

Schwarz ist Gegensatz zu allem Positiven. Schwarz entspricht der absoluten Negation, dem unbedingten Nein. Schwarz äußert sich daher auch als Wille zur

Vernichtung des Bestehenden. Die schwarze Negation tritt als Opposition auf und ebenso als autoritärer Zwang gegen jede andere Meinung und Lebensweise. Schwarz war immer wieder die Farbe der anarchistischen Opposition oder der forcierten, zwingenden Machtansprüche. Das Unbedingte, Endgültige als zwingender Machtanspruch ist der gemeinsame Nenner für Schwarz. Er äußert sich in so verschieden scheinenden Lebensbereichen wie Schwarz als Farbe des Todes, als Farbe des feierlichen Ernstes, als Priesterkleidung und als Sexwäsche.